백제의 마을에서 도둑으로 몰리다

글 **강무홍** | 그림 **김종범**
감수 **권오영**

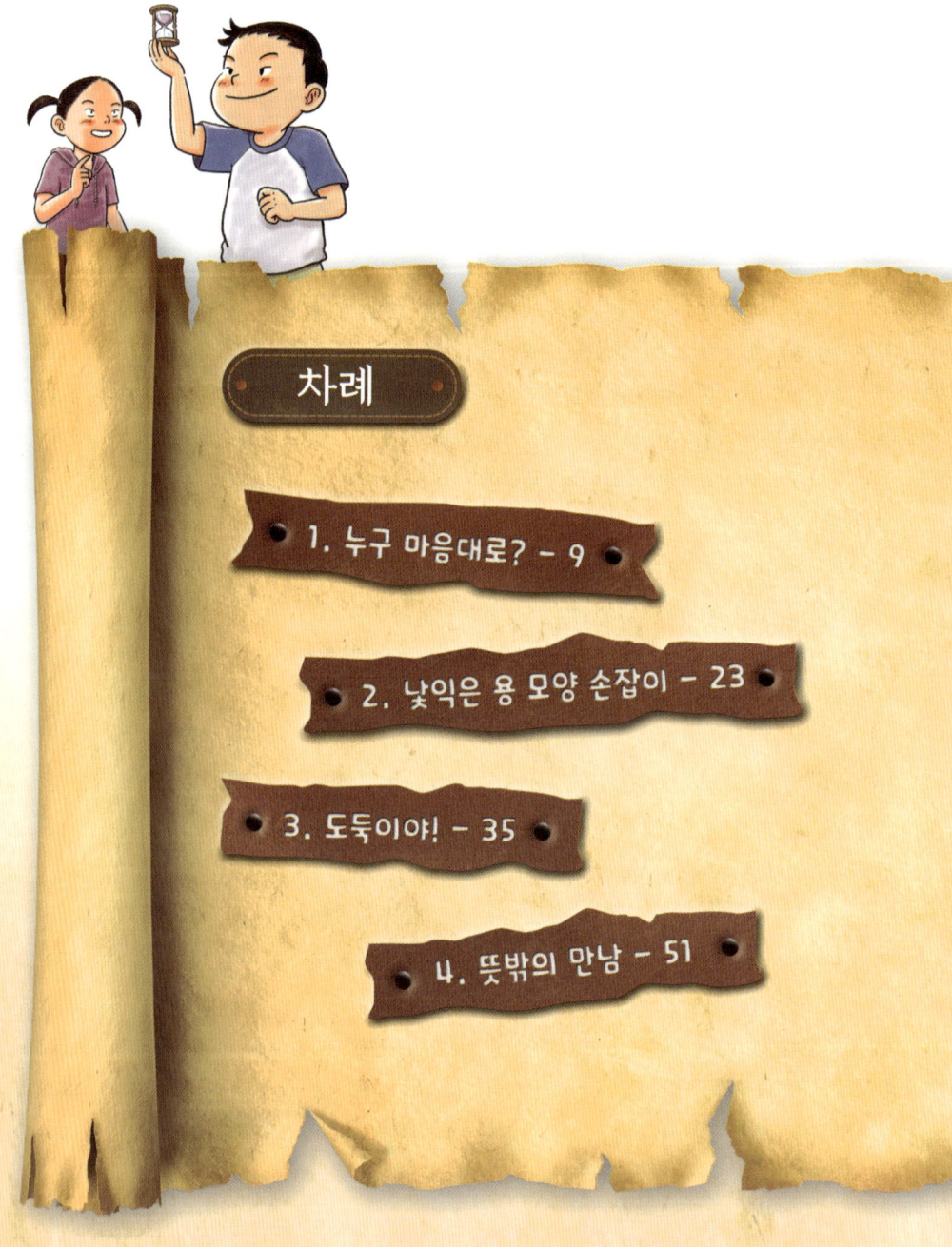

차례

1. 누구 마음대로? - 9

2. 낯익은 용 모양 손잡이 - 23

3. 도둑이야! - 35

4. 뜻밖의 만남 - 51

백제의 마을에서 도둑으로 몰리다

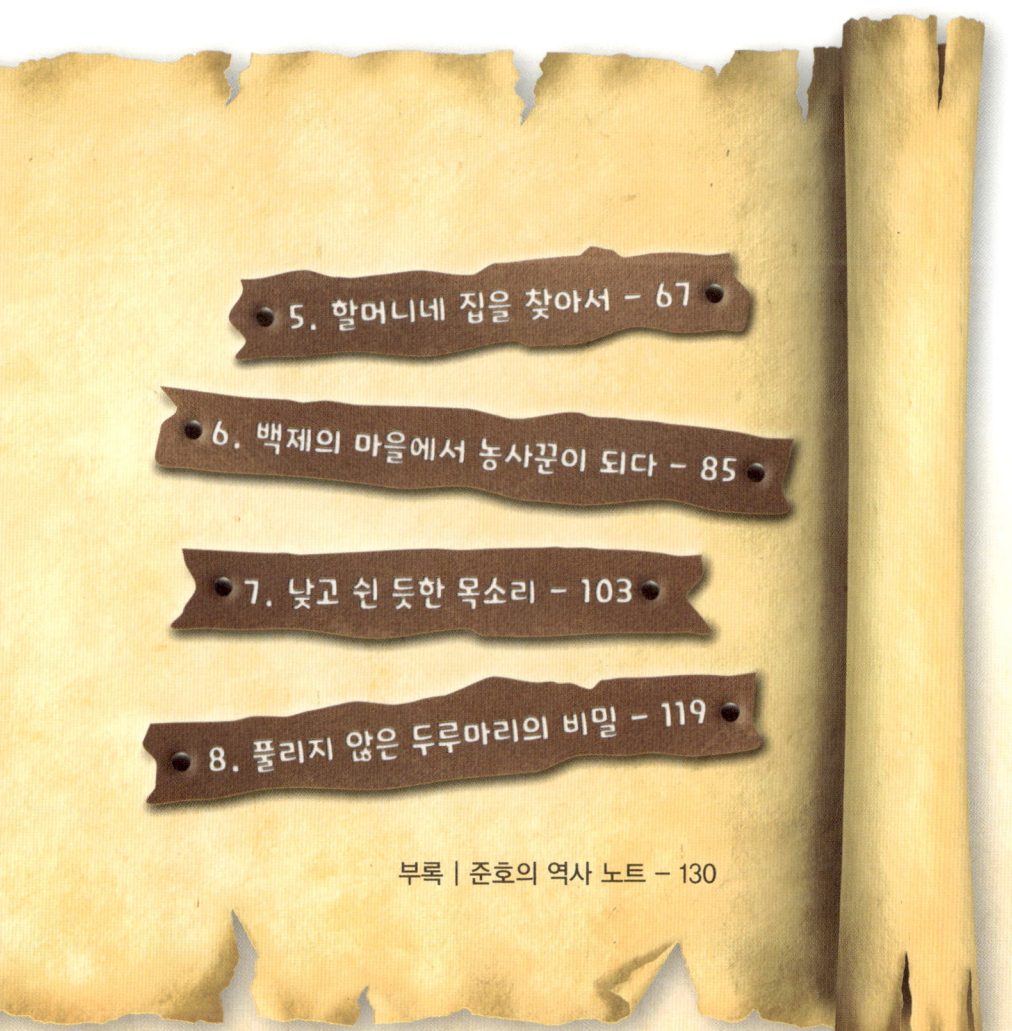

- 5. 할머니네 집을 찾아서 - 67
- 6. 백제의 마을에서 농사꾼이 되다 - 85
- 7. 낮고 쉰 듯한 목소리 - 103
- 8. 풀리지 않은 두루마리의 비밀 - 119

부록 | 준호의 역사 노트 - 130

마법의 두루마리를 펼치기 전에

　호기심 많은 형제 준호와 민호는 역사학자인 아빠를 따라 경주의 작은 마을로 이사를 간다. 새집 지하실에서 마법의 두루마리를 발견한 둘은 석기 시대, 고려 시대, 조선 시대 등 과거 속으로 여행을 떠난다.
　그런데 이사 온 첫날 집에 얽힌 비밀을 알려 주었던 수진이 준호와 민호가 수상한 여행을 하고 있다는 낌새를 챈다. 수진이 비밀을 캐물을수록 준화와 민호는 들키지 않으려고 더욱 조심한다. 하지만 준호와 민호가 지하실에서 온데간데없이 사라지는 것을 수진이 결국 보게 되고, 다음 여행에는 자기도 데려가야 한다고 협박을 하는데…….

1. 누구 마음대로?

지하실 입구에서 수진을 기다리던 민호는 분통이 터졌다. 수진의 협박 때문에 마지못해 과거로 함께 떠나기로 했지만, 생각하면 할수록 억울하고 분해서 견딜 수가 없었다.

지하실과 두루마리는 준호와 민호가 발견한 둘만의 신비로운 세계였다. 그런데 그 비밀의 세계에 느닷없이 낯선 여자아이와 함께 가야 하다니, 세상에 이보다 기막힌 노릇이 있을까. 그것도 비겁하게 남의 말을 엿듣고 치사하게 협박한 아이와 함께!

"순 날강도!"

민호가 씩씩대며 소리치자 준호는 한숨을 푸욱 쉬었다.

시간이 지날수록 준호는 두루마리의 마법에 푹 빠져들고 있었다. 심지어 지하실과 두루마리의 비밀을 지키려고 엄마 아빠까지 속였다. 그런데 난데없이 수진에게 들키는 바람에 지하실과 두루마리의 비밀도, 민호와 둘만의 비밀스러운 모험도 망가지고 만 것이다.

'더 조심했어야 하는 건데……'

준호는 몹시 후회스러웠다. 하필이면 수진이 엿듣고 있는 나무 밑에서 이야기를 나눌 게 뭐람.

하지만 이미 엎질러진 물이었다. 어쨌든 수진도 알게 되었으니, 절대로 비밀이 새 나가지 않도록 조심시키는 수밖에 없었다.

"오다가 다리나 확 부러졌으면 좋겠다! 같이 못 가게!"

민호가 악담을 퍼부었다. 하지만 그런 기적은 일어나지 않았다.

호랑이도 제 말 하면 온다고 했던가. 민호의 말이 떨어

지기 무섭게 발소리가 나더니, 곧 수진이 계단을 뛰어 내려왔다.

"어휴, 저 밉상! 자기 얘기 하는 줄 어떻게 알고 귀신같이도 오네!"

민호가 투덜대며 고개를 들었다. 다음 순간 민호의 입이 쩍 벌어졌다.

세상에! 수진이 어깨에 미어터질 듯한 배낭을 둘러메고, 손에는 웬 보따리까지 들고 서 있었다.

마침 엄마가 집에 없었기에 망정이지, 이 꼴을 보았으면 뭐라고 했을까? 아마 당장 의심의 눈초리를 번뜩이며 꼬치꼬치 캐물었으리라.

"이, 이게 다 뭐야?"

준호가 놀라서 묻자 수진이 들뜬 목소리로 대답했다.

"내 짐이야! 과거에서 필요할 만한 건 몽땅 싸 왔어!"

준호는 어처구니가 없었다. 저걸 다 가지고 과거로 떠나겠다고?

민호가 대뜸 소리쳤다.

"야, 누구 맘대로! 뭐든지 우리가 갖고 가도 된다고 해야 갖고 갈 수 있는 거야. 알겠어?"

그러면서 속으로는 무엇이 들어 있을지 궁금했는지, 수진이 들고 있는 보따리를 빤히 바라보았다.

민호의 마음을 눈치라도 챈 걸까. 수진이 배낭을 내려놓고는 보따리를 풀어 헤쳤다.

"이건 한복이야."

수진의 말에 준호와 민호가 동시에 소리쳤다.

"뭐, 한복!"

수진이 뻐기듯이 말했다.

"응, 아무래도 과거로 가면 옛날 옷이 필요할 거 아냐. 이걸 입으면 딱 옛날 사람 같을 거야!"

보따리 안에는 알록달록한 색동저고리와 치마뿐 아니라 버선, 복주머니, 심지어 노리개까지 들어 있었다.

"이, 이걸 입고 가겠다고?"

준호가 기겁을 하자, 수진이 해맑은 얼굴로 대답했다.

"응."

준호는 한숨이 절로 나왔다. 이렇게 알록달록한 색동옷을 입고 어디를 돌아다닌단 말인가?

"안 돼, 이런 옷을 입었다간 오히려 눈에 확 띌 거야."

준호의 말에 수진이 도무지 이해할 수 없다는 표정으로 물었다.

"왜? 이건 한복인데? 한복은 옛날 옷이잖아?"

준호가 한숨을 쉬며 말했다.

"옛날 옷도 옷 나름이지. 이런 걸 누가 입어? 이렇게 알록달록한 옷은 왕족이나 귀족 집안 사람들이나 입는 거야. 백성들은 거의 흰옷을 입었단 말이야. 또 삼국 시대냐, 조선 시대냐에 따라 옷 모양도 다르고! 아무튼 언제 어디로 떨어질지도 모르는데 이렇게 알록달록한 옷을 입고 가면 어떡해?"

준호의 말에 민호도 냉큼 맞장구를 쳤다.

"뭐, '날 좀 보슈' 하는 거나 마찬가지지! 그런데 여긴 또 뭐가 있는 거야?"

민호는 타박을 주며 은근슬쩍 수진의 배낭을 들추어 보았다.

배낭에는 신기한 잡동사니들이 잔뜩 들어 있었다. 돋보기, 수첩, 연필, 연필깎이 칼, 손전등뿐 아니라 숟가락, 젓가락, 작은 밥공기, 부러진 라디오 안테나, 거울, 야구공, 칫솔과 치약과 비누가 담긴 작은 주머니까지!

'우와, 끝내준다!'

민호는 속으로 감탄했다. 그 가운데서도 특히 부러진 라디오 안테나에 눈이 꽂혔다.

"그럼 너네는 어떤 옷을 입고 갔는데?"

수진이 묻자 준호가 대답했다.

"그냥 입던 옷을 입었어. 꼭 옷이 필요하면 차라리 거기서 구해 입는 게 나아."

그 말에 수진은 귀가 솔깃했다. 수진은 눈을 깜빡이며 과거에서 옷을 구해 입는 상상을 해 보았다.

민호가 라디오 안테나를 꺼내 길게 뽑으며 물었다.

"와, 이거 되게 좋다. 어디서 났어?"

준호는 "어휴!" 하고 한숨을 내쉬었다. 어느새 민호는 수진의 잡동사니에 꽂혀 한눈을 팔고 있었다.

수진이 안테나를 홱 빼앗으며 말했다.

"함부로 만지지 마! 이게 얼마나 중요한 건지 알아? 과거에서 여기로 신호를 보내야 할 때 쓸 거란 말이야!"

뭐라고? 과거에서 현재로 신호를 보낸다고? 저 부러진 라디오 안테나를 가지고!

"우와, 너 제법이다! 어떻게 그런 생각을 했어? 꽤나 똑똑한걸!"

민호가 감탄하자 준호는 고개를 설레설레 저었다. 갈수록 태산이었다. 주머니에 온갖 잡동사니를 넣고 다니는 민호 하나로 부족해서, 이제는 배낭에다 잡동사니를 쑤셔 넣고 나타난 수진까지! 두 아이를 앞으로 어떻게 감당할지, 벌써부터 머리가 지끈거렸다.

수진이 라디오 안테나를 도로 접으며 물었다.

"그런데 과거에서 옷을 어떻게 구해 입어?"

준호는 말문이 막혔다. 말은 그렇게 했지만, 막상 어디서 어떻게 구할지는 생각해 보지 않았던 것이다.

민호가 수진의 배낭에서 칫솔과 치약 세트를 꺼내며 물었다.

"이건 왜 갖고 왔어? 뭐에 쓸 건데?"

수진이 자랑스레 대답했다.

"어쩜 자고 올지도 모르잖아. 그래서 갖고 왔지!"

그러고는 하얀 이를 드러내고 씩 웃었다.

맙소사! 정말이지 이 여자애는 보통내기가 아니었다.

"안 돼. 이런 걸 들고 갔다간 의심받기 십상이야. 몽땅 놓고 가!"

준호가 딱 잘라 말하자 수진이 펄쩍 뛰었다.

"몽땅 놓고 가라고? 그런 게 어디 있어! 말도 안 돼!"

민호는 수진의 짐을 뒤지는 데 정신이 팔려 아무 말도 없었다. 준호는 한심하다는 듯 민호를 쳐다보고는 잠시 생각에 잠겼다.

문득 수진의 작은 배낭이 눈에 들어왔다. 두루마리를 넣고 다니기에 딱 알맞은 크기였다. 색깔도 누레서 눈에 띌 염려가 없었다. 준호가 결심한 듯 말했다.

"좋아, 그럼 배낭만 갖고 가자. 나머지는 모두 두고."

거울, 돋보기, 라디오 안테나 등 애써 챙겨 온 짐을 몽땅 두고 가야 하다니! 수진은 너무 아까웠다. 하지만 일단은 받아들이기로 했다. 지금 말다툼을 해 봤자 불리할 것 같았다. 어쨌든 준호와 민호는 과거 여행을 해 보았으니까. 이 물건들은 나중에 반드시 가져갈 기회가 있을 것이다. 아쉽지만 다음에 기회를 봐서 가져가면 된다. 무엇보다 수진은 한시바삐 과거로 가고 싶었다.

"좋아, 그럼 빨리 가자!"

수진은 그렇게 말하고, 민호가 뒤지고 있던 배낭을 홱 낚아챘다. 그 순간 준호가 말했다.

"잠깐! 그 배낭은 내가 멜 거야. 두루마리를 넣고 다녀야 하니까."

수진은 뜨악한 얼굴로, 민호는 뿌듯한 얼굴로 준호를 쳐다보았다.

"내 배낭인데?"

수진이 말하자 준호가 수진의 눈을 똑바로 쳐다보며 대장처럼 말했다.

"만에 하나 두루마리를 잃어버리면, 우린 다시 집으로 돌아올 수 없어. 그러니까 내가 이 배낭에 두루마리를 넣어서 갖고 다닐 거야. 절대 잃어버리지 않도록."

수진은 다시 한번 참을 수밖에 없었다. 아쉽지만 지금은 일단 준호의 말에 따르는 게 좋을 것 같았다. 더구나 상대는 두 명, 수적으로도 열세였다.

수진은 떨떠름한 얼굴로 마지못해 가방을 내밀었다.

준호는 짜릿한 쾌감을 느끼며 가방을 둘러멨다. 수진의 협박에 못 이겨 과거로 함께 떠나게 된 것에 대해 분이 조금은 풀리는 기분이었다. 무엇보다 준호는 과거로 떠나기 전에 이 말괄량이 여자아이의 기를 조금이나마 꺾어 놓은 것만으로도 마음이 놓였다.

"짐은 나중에 치우고, 어서 가자! 엄마 오시기 전에!"

준호는 민호와 수진을 재촉하며 지하실 문을 열었다. 문 뒤의 차갑고 눅눅한 공기가 기다렸다는 듯 달려들었다.

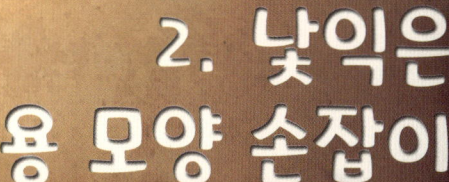

2. 낯익은 용 모양 손잡이

이제 곧 과거로 떠난다는 생각 때문일까. 수진은 어쩐지 지하실의 서늘한 공기조차 예사로이 느껴지지 않았다. 공기마저 마법에 걸린 듯 자꾸만 몸에 휘감기는 것 같았다.

낡은 책들이 잔뜩 쌓여 있는 곳에 이르자, 책 더미 너머 어두침침한 벽에 문 같은 것이 도사리고 있었다. 몹시 오래된 듯 나뭇결이 갈라지고 색이 흐릿하게 바랜 문이었다. 그 문과 책 더미 사이에 아이들이 지나다닐 수 있을 정도의 좁은 공간이 숨어 있었다.

준호가 목소리를 낮추고 속삭였다.

"여기야! 이 문으로 들어가면 돼."

순간 수진은 머리카락이 쭈뼛 서는 것 같았다. 문빗장 위에서 뭔가가 입을 쩍 벌린 채 수진을 노려보고 있었다. 바로 용머리 모양의 손잡이였다.

"앗, 이건!"

수진은 무심코 중얼거렸다. 왠지 그 용머리 모양 손잡이가 낯설지 않았다. 꼭 어딘가에서 본 것 같았다.

어디서 봤지?

수진은 재빨리 기억을 더듬었지만, 어디서 보았는지 떠

오르지 않았다. 착각한 걸까? 수진은 실눈을 뜨고 고개를 갸웃거렸다.

준호와 민호가 빗장을 풀고 골방으로 들어가는 동안에도, 수진의 머릿속에서는 용머리 모양 손잡이 생각이 떠나지 않았다. 어디서 본 걸까? 본 것이 맞기는 한 걸까?

"야, 빨리 들어와!"

민호가 골방 안에서 소리쳤다.

수진은 퍼뜩 정신을 차리고 준호와 민호를 따라 골방으로 들어섰다. 푸르스름한 어스름 속에서 오래된 나무 냄새와 종이 냄새, 퀴퀴한 지하실 냄새가 왈칵 몰려들었다.

민호가 책장에 쌓여 있는 두루마리들을 가리키며 으름장을 놓았다.

"이거, 함부로 만지지 마! 알겠어?"

수진은 속으로 콧방귀를 뀌었다. 배낭이야 어쩔 수 없이 내놓았지만 두루마리는 달랐다. 어차피 코앞에 있는데 민호가 만지지 말란다고 해서 못 만질 수진이 아니었다.

마법의 장소, 마법의 두루마리라는 선입견 때문인지 책장에 쌓여 있는 두루마리들이 왠지 으스스해 보였다. 수진은 민호의 말에 아랑곳 않고 두루마리 쪽으로 다가갔다. 그러고는 손을 쓱 뻗었다.

"야! 만지지 말라니까!"

민호가 버럭 소리치자 수진이 발끈해서 돌아보았다.

"좀 만지면 어때서!"

수진이 말하자 준호가 타이르듯 말했다.

"두루마리를 펼치면 눈부신 빛이 뿜어져 나오면서 과거로 떠나게 돼. 그래서 함부로 만지지 말라는 거야. 알겠니?"

수진은 건성으로 고개를 끄덕이고는 눈을 부릅뜬 채 어두운 방 안을 둘러보았다.

전에 자신이 들어왔던 창 밑에 낡아 빠진 책상이 놓여 있고, 그 옆의 오른쪽 벽을 따라 책장이 길게 놓여 있었다. 책장에는 준호와 민호가 말한 두루마리들이 수북이 쌓여 있었는데, 책장 왼쪽 끝에 다섯 개의 두루마리가 따로 놓여 있었다.

"이건 뭐야?"

수진이 두루마리를 가리키며 묻자 민호가 난리를 쳤다.

"야, 손 치워! 함부로 만지면 안 된다니까!"

수진이 입을 삐죽이자 준호가 대답했다.

"그건 우리가 갔다 온 곳의 두루마리들이야. 혹시 같은 곳으로 또 가게 될까 봐 따로 빼놓았어."

수진은 오호 하고 속으로 감탄했다. 방금 전에 짐을 몽땅 놓고 가야 한다고 할 때는 좀 울컥했지만, 지금은 준호가 더없이 듬직해 보였다. 모름지기 모험을 할 때는 아무것도 모르고 잘난 척만 하는 민호 같은 아이보다는, 이렇게 꼼꼼한 준호 같은 아이가 도움이 되는 법이다.

"이번에는 어떤 걸 펴 보지?"

민호가 거만한 얼굴로 두루마리들을 가리켰다. 그러고는 황금빛 팻말이 달린 두루마리 하나를 집어 들더니 뻐기

듯이 물었다.

"형, 이거 어때?"

준호가 그 두루마리를 받아 들고 살펴보았다.

수진은 입을 삐죽이며 책장 가득히 놓여 있는 두루마리들을 눈으로 쭉 훑어보았다. 그러고는 그중 하나를 준호와 민호의 눈을 피해 살며시 만져 보았다.

두루마리는 부들부들한 게 금방이라도 살아 움직일 것만 같았다. 두루마리 한가운데에는 비단실을 여러 겹 꼬아 만든 끈이 묶여 있었는데, 그 밑에 아주 작고 납작한 팻말 같은 것이 달려 있었다.

"빨리 풀어 봐!"

민호가 속닥거리는 소리가 들렸다. 수진은 '풀어 보라고?' 하고 생각하며 무심코 두루마리를 집어 들었다. 그러고는 두루마리를 묶고 있던 끈을 쓱 잡아당겼다. 툭 하고 끈이 풀렸다.

"어, 풀렸다!"

수진이 혼잣말처럼 중얼거리자, 민호가 이상한 낌새를 채고 돌아보았다.

"야, 누가 너더러 풀랬어! 이 새치기 날강도! 당장 내놔! 함부로 만지지 말랬잖아!"

민호가 길길이 뛰며 수진에게서 두루마리를 빼앗으려 했다. 수진은 엉겁결에 두루마리를 꽉 움켜쥐고 버텼다.

"이거 놔! 이건 우리 형이랑 나만 만질 수 있는 거야! 네 멋대로 할 거면 당장 그만둬! 너랑 같이 안 갈 거야!"

수진이 발끈했다.

"흥, 누구 맘대로! 이 두루마리가 원래 너네 것도 아니잖아! 이 집에 살던 할아버지 것인지도 모르는 거 아냐!"

순간 준호는 움찔했다. 안 그래도 마음에 걸리던 얘기를 수진이 꺼낸 것이다.

수진이 연이어 다다다 쏘아붙였다.

"더구나 비밀도 지키기로 했는데, 왜 치사하게 나는 만지면 안 된다는 거야! 그런 게 어디 있어!"

민호는 약이 바짝 올랐다. 두루마리의 주인은 엄연히 준호와 민호였다. 수진은 준호와 민호의 허락 없이는 절대로 두루마리를 만져서는 안 된다.

민호가 두루마리를 잡아당기며 소리쳤다.

"놔, 이거 안 놔!"

수진도 화가 머리끝까지 났다.

"너야말로 이거 놓으시지!"

준호는 이러다 두루마리가 잘못되지나 않을까 안절부절못했다.

"제발 이, 이거 좀 놓고 얘기해!"

준호는 두루마리를 잡고 있는 수진과 민호의 손목을 꽉 붙들었다. 그 순간 수진이 "놔!" 하고 몸부림을 치는 바람에 준호는 수진의 어깨에 가슴을 부딪히고 말았다.

"으윽!"

준호가 신음 소리를 내며 가슴을 감싸 쥐는 순간, 민호가 있는 힘을 다해 두루마리를 잡아당겼다. 그리고 수진이 균형을 잃고 민호 쪽으로 엎어졌다.

투두두둑.

두루마리가 바닥에 떨어지며 펼쳐졌다. 다음 순간 두루마리에서 푸르스름한 빛이 스멀스멀 기어 나오더니, 두루마리가 저절로 허공에 둥실 떠올랐다.

수진은 놀라서 입을 쩍 벌린 채 두루마리를 보았다. 눈앞에서 진짜 마법이 펼쳐지고 있었다.

그때 허공에 떠오른 두루마리에서 갑자기 눈이 멀 듯한 푸른빛이 번쩍 뿜어져 나왔다.

"꺄아아아아아아아아!"

"아아아아아아아아아악!"

"으아아아아아아악악악!"

어두운 지하실에 세 아이의 비명 소리가 울려 퍼졌다. 그리고 나서 지하실은 아무 일도 없었다는 듯 고요해졌.

앗 하는 사이 세 아이가 빛과 함께 사라진 것이다.

3. 도둑이야!

철퍼덕! 쿵! 쿠당탕탕!

세 아이는 어느 집 방 안에 차례대로 떨어졌다.

"아이고, 엉덩이야!"

민호가 엉덩이를 감싸 쥐며 소리쳤다.

준호도 가슴을 움켜쥐며 재빨리 주위를 둘러보았다. 다행히 방 안에는 아무도 없었다.

입구에 거적으로 만든 문이 달려 있고, 흙바닥에 거적 깔개가 깔려 있었다. 벽지를 바르지 않은 누런 흙벽에는 말린 산나물과 들나물, 물고기가 주렁주렁 걸려 있었다. 한쪽 흙벽에서 방 한복판으로 불을 땔 수 있는 길쭉한 아궁이가 놓여 있고, 그 한쪽 옆에 흙과 나무로 만든 그릇들이 있었다. 방 안에 부엌이 있는, 현대식으로 말하면 '원룸'인 셈이었다. 아궁이 위쪽에는 가는 나무로 살을 대어 만든 살창*이 있었는데, 그 너머로 한가로운 푸른 들판이 보였다.

"형, 여기가 어디지?"

민호가 얼굴을 찡그리며 물었다. 준호는 쉿 하고 주의를 주고는, 바닥에 개구리처럼 엎어져 있는 수진의 등을 톡톡 쳤다.

"괜찮아?"

수진은 꿈속에서 들려오는 듯한 소리에 "으응……." 하고 대꾸했다. 그러다 문득 꿈이 아닌 것을 깨닫고는 눈을

* 살창

가는 나무 등으로 살을 대어 만든 창. 집 안에 빛과 공기가 통하게 하는 것으로, 우리나라 창 가운데 가장 오래된 종류이다. 세로로만 살을 대고 종이를 바르지 않은 세로살창은 주로 부엌이나 곳간 벽 위쪽에 설치하여 연기와 습기를 밖으로 내보내 환기를 시키고 습도를 유지했다.

번쩍 떴다.

"누구야?"

수진은 눈을 부비며 주위를 둘러보았다. 누군가가 자신에게 말을 거는 것 같은데, 방금 전에 지하실에서 본 푸른 빛 때문에 아직도 눈이 아프고 머리가 띵했다. 잠시 후 눈이 밝아지자 준호와 민호가 코앞에 얼굴을 들이대고 있는 것이 보였다. 수진은 벌떡 일어나 주위를 둘러보았다.

"어, 여긴 방 안이잖아! 얘개, 이게 과거야?"

공룡이며 호랑이가 득실거리는 원시의 들판이나 군사들이 칼싸움을 벌이는 전쟁터에라도 떨어질 줄 알았던 걸까. 수진은 몹시 실망스러운 표정으로 소리쳤다.

민호가 나무라듯 말했다.

"야, 좀 조용히 해! 낮말은 쥐가 듣고 밤말은 새가 듣는단 말이야."

수진이 흥 하고 코웃음을 쳤다.

"너나 똑바로 말해. 낮말은 새가 듣고 밤말은 쥐가 듣는 거거든. 잘 알지도 못하면서!"

준호는 골치가 아팠다. 둘 다 시끄럽기는 마찬가지였다.

"그만해! 누가 들으면 어쩌려고 그래! 민호야, 일단 두루마리랑 모래시계부터 찾자."

준호가 주의를 주자 민호는 부루퉁한 얼굴로 모래시계를 찾기 시작했다. 수진도 민호를 흘겨보고는 두루마리를 찾아 방 안을 두리번거렸다.

민호가 수진의 발을 탁 치며 말했다.

"야, 발 치워!"

하필이면 모래시계가 수진의 발치에 떨어져 있었다.

민호가 수진의 발을 치우고 짚* 거적 위에 있는 모래시

▲ 동구미

* **짚**
짚은 벼나 보리의 낟알을 털고 남은 줄기와 잎을 말린 것으로, 여러모로 쓰임새가 많았다. 우리 민족은 벼농사를 짓기 시작하면서 짚을 이용했는데, 주로 집을 짓거나 생활 도구를 만드는 데 썼다. 짚을 배배 꼬아 짚신, 깔개, 모자, 곡식을 담는 섬, 쌀을 담아 두는 동구미 등의 생활용품을 만들었다. 또 집을 지을 때 황토에 섞어 벽을 치거나, 지붕에 덮기도 했다. 잘게 썬 짚은 소여물로도 쓰였다.

계를 줍는 사이, 준호도 아궁이 근처에서 두루마리를 찾았다.

준호는 재빨리 두루마리를 펼치고 이곳이 어디쯤인지 살펴보았다.

왼쪽 지도 속의 한반도는 크게 세 군데로 나뉘어 있었다. 북쪽으로는 지금의 중국 땅 깊숙한 곳에 경계선이 그어져 있고, 남쪽으로는 한강 부근을 따라서 하나, 그 아래쪽으로 경상도 둘레에 또 하나의 경계선이 그어져 있었다. 또 한강 부근에 둥근 점이 찍혀 있고, 군데군데 성곽으로 보이는 표시도 있었다.

'큰 나라가 세 개 있으니까 삼국 시대*인가 보다.'

왼쪽 지도의 남해 쪽에는 아주 작은 나라가 또 하나 있었다. 준호는 그곳이 '가야'일 것이라고 생각했다.

"뭘 보는 거야?"

수진이 두루마리에 고개를 들이밀고 물었다. 두루마리에 그려진 지도와 여러 가지 그림이 몹시 신기한 모양이었다.

준호는 수진에게 두루마리를 살짝 보여 주며 오른쪽 지도를 살펴보았다.

　　오른쪽 지도에는 한강으로 보이는 강줄기가 가로로 길게 그려져 있었다. 강 북쪽으로는 산줄기를 따라 성곽과 나무 울타리가 표시되어 있고 강 아래쪽, 그러니까 강 남쪽에는 강변에 성곽이 하나, 그 밑에 또 다른 성곽 하나가 표시되어 있었다.

　'삼국 시대에 한강 부근에 있던 나라면, 백제가 아닐까?'

　　준호의 추측대로 삼국 시대의 지도가 맞다면, 한강 근처에 있던 나라는 백제였다. 하지만 지도에 표시된 영토가

*** 삼국 시대**
한반도에서 고구려, 백제, 신라 등 세 나라가 힘을 겨루던 시대. 세 나라가 세워진 기원전 1세기부터 신라가 삼국을 통일한 676년까지 약 700여 년 동안 지속되었는데, 일반적으로 국가 체계를 갖춘 4세기초부터 삼국이 통일된 7세기 중엽까지를 삼국시대라고 일컫는다. 백제는 한강 일대의 비옥한 땅을 중심으로 강력한 농업 국가로 발전했고, 고구려는 압록강 부근의 국내성을 중심으로 이웃 나라를 정복하는 과정에서 고대 국가로 발전했으며, 신라는 서라벌(지금의 경주) 지역을 중심으로 가장 늦게 발달했다. 또 세 나라 외에도 낙동강 하류에서 발달한 가야가 있었는데, 가야를 포함해서 이때를 '사국시대'라고 부르기도 한다. 가야는 이 세 나라에 밀려 562년에 멸망했다.

너무 넓어서 과연 백제*가 맞을까 싶기도 했다. 준호는 백제의 영토가 가장 넓었다는 근초고왕 때를 떠올리며 잠시 생각에 잠겼다.

그 틈을 타서 민호가 모래시계를 쳐들었다. 수진의 관심을 끌려는 속셈이었다. 아니나 다를까, 민호의 손보다 조금 작은 보랏빛 모래시계를 보고 수진이 감탄했다.

"어머, 예쁘다! 그게 뭐야?"

수진이 관심을 보이자 민호가 뻐기듯이 말했다.

"뭐긴, 모래시계지. 모래시계는 내 담당이야. 두루마리는 형 담당이고. 시간이 얼마나 남아 있는지 볼까? 내가 모래시계 담당이니까!"

"시간? 무슨 시간?"

---

* 백제

백제는 초기에 한강 유역인 한성(지금의 서울)에 도읍을 정하고, '한성 시대'를 열었다. 농사에 필요한 물과 기름진 땅, 철제 농기구의 발달 덕분에 백제는 차츰 강력한 농업 국가로 발돋움했다. 5세기 후반 고구려의 침입으로 웅진(지금의 공주)으로 도읍을 옮기기 전까지, 백제는 한강 일대에서 농업을 발달시키며 고대 국가의 틀을 갖추어 전성기를 맞았다.

 수진이 묻자 민호가 답답하다는 듯이 목에 힘을 주고 말했다.

 "무슨 시간이라니, 여기에 머물 수 있는 시간이지! 이 모래가 다 흘러내리면, 우린 집으로 돌아가야 한다고!"

 수진이 어리둥절한 얼굴로 쳐다보자 준호가 천천히 입을 열었다.

"모래시계는 과거를 여행할 수 있는 시간을 나타내. 민호 말대로 모래가 다 흘러내리면, 우린 저절로 현실로 돌아가게 돼. 그리고 여기 이 두루마리의 지도는 이곳이 어디인지를 알려 주는 거야. 말하자면 길잡이인 셈이지."

수진은 눈을 크게 뜨고 "정말?" 하고 되물었다.

민호가 타박을 주었다.

"야, 그럼 정말이지 거짓말이겠냐? 내가 모래시계 담당이라니까!"

수진이 어깨를 으쓱하자 민호가 흥분해서 말했다.

"이것 봐! 모래시계의 모래가 밑으로 다 흘러내리면, 모래시계가 두루마리로 들어가면서 무지무지 눈부신 빛이 확 뿜어져 나온단 말이야. 그럼 우린 현실로 돌아가는 거라고."

"뭐? 그 모래시계가 두루마리에 들어간다고? 어디에, 어떻게?"

수진이 두루마리를 들여다보자, 준호가 모래시계 모양

의 구멍이 뚫려 있는 곳을 보여 주었다. 수진은 눈이 휘둥그레져서 두루마리의 구멍을 요리조리 살펴보았다.

"앗, 진짜 모래시계랑 똑같이 생긴 구멍이잖아! 하지만 구멍이 아주 작은데? 어떻게 이 큰 모래시계가 들어간다는 거야? 믿을 수 없어!"

"바보야, 그러니까 마법의 두루마리지!"

민호가 소리친 순간, 준호는 쉿 하고 거적문 쪽을 살폈다. 바깥에서 무슨 소리가 난 것 같았다. 하지만 막상 귀를 기울이자 더는 소리가 나지 않았다. 잘못 들은 걸까?

준호가 배낭에 두루마리를 집어넣으며 불안한 눈으로 말했다.

"일단 여기서 빠져나가자. 여긴 방 안이라서 너무 위험해. 누가 들어오면 숨을 데도 없고."

그때 수진의 눈에 흙벽에 걸린 옷가지들이 들어왔다.

"와, 옷이다!"

수진이 벽 쪽을 가리키며 말하자 준호와 민호가 동시에

쳐다보았다. 창가 쪽 벽에 누리끼리한 흙물이 든 옷이 서너 벌 걸려 있었다.

"우리, 저거 빌려 입으면 되겠다!"

수진이 말하자 민호도 "그래!" 하고 맞장구를 쳤다.

하지만 준호는 별로 내키지 않았다. 남의 옷을 허락도 없이 마음대로 빌려 입어도 되는 걸까? 말도 없이 빌려 입고 가는 건 훔치는 것이나 마찬가지 아닐까?

하지만 준호가 망설이는 사이에 민호는 벌써 벽 쪽으로 달려가 옷을 입고 있었다.

"형, 나중에 돌려주면 되잖아. 빨리 빌려 입고 나가자!"

수진도 이미 윗옷 하나를 걸쳐 입고 킥킥대며 말했다.

"나 좀 봐! 꼭 텔레비전에 나오는 사람 같아!"

수진과 민호가 입은 윗옷에는 가장자리를 따라 짙은 빛깔의 천이 덧대어져 있었다.

준호도 마지못해 벽에 걸려 있던 윗옷 하나를 입었다.

그때였다.

"웬 놈들이냐!"

난데없이 문간에서 고함 소리가 났다.

돌아보니 덩치가 커다란 아주머니가 거적문 앞에서 눈을 부라리며 세 아이를 노려보고 있었다.

"지금 남의 집에서 무슨 짓을 하고 있는 거야?"

준호는 너무 놀라서 하마터면 털썩 주저앉을 뻔했다.

수진과 민호는 놀라서 펄쩍 뛰었다. 셋은 재빨리 주위를 둘러보았다. 빠져나갈 데라곤 딱 하나, 거적문밖에 없었다. 그런데 아주머니가 커다란 덩치로 그 앞을 벽처럼 가로막고 있었다. 영락없이 '독 안에 든 쥐'였다.

"아니, 너희들 그 옷, 우리 집 거잖아! 못된 놈들! 어린 것들이 벌써부터 도둑질이라니, 혼쭐이 나야겠구나!"

아주머니가 고함을 지르며 세 아이에게로 쿵쿵 다가왔다. 셋은 겁에 질린 눈으로 아주머니를 쳐다보았다. 아주머니가 세 아이를 몽땅 붙잡겠다는 듯 우람한 팔을 쩍 벌렸다.

그 순간 민호가 아주머니 팔 밑으로 쌩하니 빠져나갔다.

"도망쳐!"

수진도 아주머니의 다른 쪽 팔 밑으로 쏙 빠져나갔다.

"어딜 도망가!"

아주머니가 수진을 잡으려고 몸을 돌리는 틈을 타서 준

호도 재빨리 거적문을 빠져나왔다.

아주머니는 헛손질을 하다가 벽에 쿵 부딪혀 넘어졌다.

그사이에 셋은 거적문 밖에 있던 또 하나의 문을 빠져나와 집 옆의 작은 텃밭을 지나 정신없이 달아났다.

4. 뜻밖의 만남

"도둑이야, 저놈 잡아라!"

잠시 뒤 아주머니가 고래고래 고함을 지르며 달려왔다.

'잡히면 끝장이야!'

준호는 생각했다.

하지만 정신없이 달리면서도 준호의 머릿속에는 후회와 두려움이 가득했다. 남의 옷에 함부로 손을 댔다가 도둑으로 몰리고 만 것이다.

셋은 좁은 골목길을 벗어나 큰길로 접어들 때까지 뒤도 돌아보지 않고 달렸다. 다행히 길에는 오가는 사람 없이 뜨거운 햇볕만 내리쬐고 있었다.

얼마나 달렸을까.

한참 뒤, 누런 흙먼지를 일으키며 앞서가던 수진이 뒤를 돌아보며 소리쳤다.

"그 아줌마 없어. 이제 안 쫓아와!"

수진의 말대로 아주머니의 모습은 보이지 않았다. 하지만 준호는 겁이 나서 도저히 달리기를 멈출 수가 없었다. 심장이 터질 것처럼 뛰었고, 시뻘겋게 달아오른 얼굴에서는 땀이 비 오듯 쏟아져 내렸다.

이윽고 울창한 나무들이 서 있는 언덕을 지나 푸른 벼가 넘실대는 넓은 논밭 지대에 이르자, 어디선가 한 줄기 바람이 불어왔다. 멀리 툭 트인 들판 너머로 물줄기 같은 것이 보였다. 꼭 바다처럼 드넓은, 그러나 왠지 익숙한 느낌이 드는 물줄기였다.

'한강이다!'

준호는 직감적으로 그렇게 생각했다.

앞서가던 수진이 소리쳤다.

"앗, 배다! 저기 배가 있어!"

멀리 강가에 누런 돛을 단 배*들이 보였다. 그 주위로 흰옷을 입은 사람들이 꼬물거리고 있었다.

민호와 수진은 마치 약속이라도 한 듯 "가 보자!" 하고 소리치며 준호가 말릴 틈도 없이 뛰어갔다.

길이 꺾어지는 곳에 이르렀을 무렵, 허리가 잔뜩 꼬부라진 할머니 한 분이 보따리를 이고 가고 있었다. 큰길에 처음으로 사람이 나타난 것이다. 셋은 "앗!" 하고 놀라 쌩하니 그 옆을 지나쳤다.

할머니도 화들짝 놀라 흠칫 멈춰 섰다. 하지만 곧 아이들의 등 뒤에 대고 소리쳤다.

"애들아, 잠깐만!"

* 돛을 단 배
한강을 통해 이웃 나라와 활발히 교류했던 백제인들에게 배는 중요한 운송 수단이었다. 특히 바람의 힘을 이용한 돛단배는 사람이 노를 젓는 배보다 힘을 적게 들이고 멀리까지 갈 수 있었기 때문에 많이 이용되었다. 육지에 도로가 발달하지 않았던 옛날에는 바닷길이 곧 문명의 '고속도로'였다.

    셋은 못 들은 척 달려가고 싶었지만 도저히 그럴 수가 없었다. 더운 초여름 날, 머리에 무거운 보따리를 인 할머니가 부르고 있었다. 셋은 끄응 신음 소리를 내고는 걸음을 멈추었다.

    민호가 먼저 돌아보며 물었다.

"왜요, 할머니?"

그러고는 할머니 쪽으로 성큼성큼 다가갔다.

준호는 가슴이 조마조마했다. 남의 옷을 훔쳐 입고 달아나는 처지에 그 할머니가 누군지 알고 겁도 없이 다가가는 걸까?

준호는 할머니를 훑어보았다. 머리가 하얗게 센 할머니는 얼핏 보기에 나쁜 사람 같지는 않았다.

"미안하지만 저기 저 배에, 이 보따리를 좀 갖다 주렴!"

할머니가 민호에게 보따리를 내밀며, 아이들이 달려가던 쪽을 가리켰다.

"우리 아들이 미추홀*로 가는데, 이걸 놓고 갔지 뭐냐. 배가 떠나기 전에 전해 줘야 할 텐데, 내 걸음으로는 늦을

---

* 미추홀
고구려 시조 주몽의 아들인 비류가 동생 온조와 함께 고구려에서 내려와 나라를 세운 곳. 지금의 인천 부근으로 추정된다. 《삼국사기》에 따르면 백제의 시조인 온조가 형 비류에게 한강 부근에 도읍을 정하고 나라를 세우자고 했으나, 비류는 미추홀을 도읍으로 정하고 따로 나라를 세웠다고 한다.

것 같아. 한강 나루터로 가는 길이면, 좀 전해 다오."

준호는 숨을 몰아쉬며 강 쪽을 돌아보았다. 준호의 짐작대로 저 강은 한강이 맞았다. 그리고 '미추홀'이라는 지명으로 보아 백제 시대도 맞는 것 같았다.

"그냥 갖다 주기만 하면 돼요, 할머니?"

민호가 보따리를 받아 들자 할머니가 간곡히 말했다.

"그래, 꼭 좀 부탁한다!"

그러자 수진이 할머니한테 외쳐 물었다.

"그런데 누구한테 갖다 줘야 돼요? 이름이 뭔데요?"

할머니가 얼른 말했다.

"다루야, 다루! 미추홀로 가는 배에서 다루 아저씨를 찾으면 될 게다. 배 떠날라, 어서 가거라!"

이내 민호가 쏜살같이 강 쪽으로 내달렸다.

"야, 같이 가!"

수진과 민호도 얼른 쫓아갔다.

"고맙다, 얘들아! 갖다 주고 나서 우리 마을로 오너라!"

할머니가 소리치자 셋은 그 마을이 어딘지도 모른 채 "네!" 하고 대답하며 힘차게 달려갔다.

곧 흙으로 쌓아 올린 거대한 성벽이 나타났다. 성벽을 따라 해자처럼 생긴 물길이 나 있었다. 성벽 위의 망루에서는 병사들이 망을 보고 있었고, 봇짐을 진 사람들이 성문 너머 나루터를 향해 걸어가고 있었다.

망루의 병사들을 보는 순간, 준호는 불길한 느낌이 들었다. 혹시 나루터에도 병사들이 있는 건 아닐까? 만약 그렇다면 큰일이었다. 보따리를 전해 주기는커녕 병사들에게 의심을 받거나 옷 도둑으로 붙잡힐 수도 있었다.

아니나 다를까, 앞서가던 민호와 수진이 나루터 어귀에 이르렀을 무렵, 병사 두어 명이 날카로운 창으로 앞을 가로막았다.

"서라! 웬 놈들이냐!"

준호는 가슴이 철렁했다. 뾰족한 창끝이 햇빛에 날카롭게 번뜩였다.

민호와 수진이 화들짝 놀라 멈춰 서자 병사 하나가 창을 쳐들고 물었다.

"무슨 일이냐? 뭣 때문에 나루터로 가려는 것이냐?"

준호는 곁눈질로 재빨리 주위를 살폈다. 여차하면 달아나려고 길을 봐 두려는 것이었다.

나루터 어귀 왼쪽에 소달구지 하나가 흙으로 빚은 그릇들과 커다란 세발솥 같은 짐들을 잔뜩 실은 채 서 있었다. 아마도 조사를 받고 있는 것 같았다. 달구지 주인이 병사 앞에서 "청동 자루솥*은 이미 다 신고했습지요." 하고 손을 비비며 굽실댔다.

그 옆으로 누런 옷을 입은 준호 또래의 소년 하나가 빈

* **청동 자루솥**
중국의 동진에서 들여온 세발솥. '초두'라고도 한다. 한강을 중심으로 발달하여 무역에 유리했던 백제는 가야, 신라, 중국, 일본 등과 활발히 교역했다. 한강 부근의 풍납 토성에서 출토된 이 세발솥은 음식을 데우는 데 쓰였던 그릇으로, 몸통에 다리 셋과 용머리 모양 손잡이가 달려 있다. 당시에는 흙으로 빚어 구운 토기를 주로 사용했고, 청동으로 만든 솥은 매우 귀했다.

지게를 지고 나루터 입구를 빠져 나갔다. 나뭇가지를 꺾어 만든 듯한 소년의 지게 작대기가 눈에 들어왔다.

"보내 줘요, 아저씨! 이거, 빨리 갖다 줘야 돼요!"

민호가 애가 타서 소리치자 수진도 팔짝팔짝 뛰며 소리쳤다.

"빨리요, 빨리! 급하단 말예요!"

"그게 뭔데?"

병사가 묻자 민호가 얼렁뚱땅 둘러댔다.

"우리 아버지 옷이에요. 배 떠나기 전에 빨리 갖다 줘야 돼요! 비켜 줘요, 어서!"

아버지 옷이라니, 도대체 어디서 그런 생각이 막 떠오르는 걸까? 준호는 긴장한 가운데서도 민호의 순발력에 감탄했다.

수진도 능청스럽게 맞장구를 쳤다.

"우리 아버지 이름은 다루예요. 늦기 전에 가야 돼요. 빨리 보내 주세요!"

준호도 떨리는 목소리로 거들었다.

"아버지가 미, 미추홀로 떠나는데 짐을 놓고 가셨어요. 제, 제발 보내 주세요!"

민호와 수진은 금방이라도 숨이 넘어갈 듯 법석을 떨어 댔다.

"빨리요, 빨리!"

"배 떠나잖아요!"

그 바람에 병사들은 정신이 하나도 없었다.

"그래도 몸수색은 해야 돼! 첩자나 밀수꾼의 앞잡이들일 수도 있잖아. 어제는 덩이쇠*를 몰래 들여오다가 붙잡힌 놈들이 있었다고!"

* 덩이쇠
길쭉하고 납작한 모양의 쇠판으로, '철정'이라고도 한다. 신라나 가야 지역 고분에서 많이 출토된다. 철제 농기구와 무기를 만드는 재료로 쓰였는데, 쇠가 귀하던 삼국 시대에는 교환 가치가 높아 베나 곡물처럼 화폐로도 쓰였을 것으로 여겨진다. 덩이쇠는 신라, 가야뿐 아니라 중국, 마한, 일본 등에도 보급되어 철기의 재료로 쓰였다.

병사 하나가 눈을 번뜩이며 말했다. 준호는 퍼뜩 배낭 속의 두루마리가 생각났다. 만에 하나 병사들이 준호의 배낭을 뒤져 두루마리를 발견한다면, 어떻게 될까? 왜 이런 두루마리 지도를 갖고 있느냐며 그 자리에서 첩자나 밀수꾼으로 몰아 체포할 수도 있었다. 준호의 등에서 식은땀이 흘렀다.

다른 병사가 껄껄 웃음을 터뜨렸다.

"자네도, 참! 아무려면 애들을 시켜서 그런 짓을 하겠나. 더구나 여자아이한테까지! 그냥 보내 주세."

그러자 깐깐하게 굴던 병사도 마지못해 고개를 끄덕이며 길을 비켜 주었다.

"하긴, 여자아이도 있으니……."

아이들을 보내 주자고 한 인심 좋은 병사가 소리쳤다.

"배 떠날라, 어서 뛰어!"

"고맙습니다!"

셋은 다급하게 인사를 하고 후다닥 나루터로 달려갔다.

나루터에 이르자, 마침 배 하나가 밧줄을 풀고 막 떠나려 하고 있었다.

"아저씨, 잠깐만요!"

수진이 고함을 지르며 배 쪽으로 달려 내려갔다.

밧줄을 풀던 사내가 힐끗 돌아보았다. 사내 옆에는 새끼를 꼬아 만든 낚시 바구니와 커다란 물동이, 그물추*가 달린 커다란 그물 등 고기잡이 도구들이 놓여 있었다.

"뭐라고?"

사내가 묻자, 셋은 "배 좀 세워 주세요!" 하고 일제히 소리쳤다. 그러고는 보따리를 허공에 쳐들고 목이 터져라 외쳤다.

"다루 아저씨, 할머니가 이거 전해 드리래요! 어디 계세

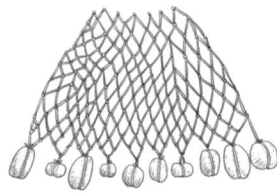

* **그물추**

고기잡이 도구. 물속에 그물을 가라앉히기 위해 그물에 매달던 것으로, '어망추'라고도 한다. 흙이나 돌을 원통형이나 원판형으로 만든 다음, 가운데에 구멍을 뚫어 그물을 맬 수 있게 했다. 신석기, 청동기 시대의 집터나 조개무덤을 비롯해 강가나 해안가에서 많이 발견된다.

요, 다루 아저씨!"

그러자 막 떠나려던 배에서 한 아저씨가 고개를 돌리고 소리쳤다.

"내가 다루인데, 무슨 일이냐?"

그 순간 세 아이는 "만세!" 하고 소리치며 서로를 얼싸안고 펄쩍펄쩍 뛰었다. 마침내 다루 아저씨를 만난 것이다.

5. 할머니네 집을 찾아서

다루 아저씨가 사공에게 미안하다고 말하고는 배에서 잠시 내렸다.

"어머니께서 갖다 주라시더냐?"

아저씨가 보따리를 받아 들고 물었다.

보따리를 풀자 깨끗한 짚신 두 켤레와 삼베옷 한 벌, 그리고 푸른 잎에 싼 주먹밥 세 덩어리가 들어 있었다. 아저씨의 몸이 살짝 떨리는 것 같더니, 얼굴이 벌게졌다.

밧줄을 쥐고 있던 남자가 빙긋 웃으며 말을 건넸다.

"자네 어머니도 참 지극정성일세. 다 큰 아들 길 떠나서 고생할까 봐, 주먹밥에 옷까지 챙겨 주셨구먼. 게다가 짚

신까지. 부럽네, 부러워!"

다루 아저씨는 짚신을 꼭 쥔 채 한동안 아무 말도 하지 않더니, 손으로 코를 팽 풀고는 보따리를 챙겼다. 그러고는 봇짐의 작은 자루에서 말린 고기* 세 점을 꺼내 아이들에게 건넸다.

"애들아, 이건 심부름 값이다. 우리 어머니께 잘 다녀올 테니, 걱정 말고 계시라고 좀 전해 다오. 부탁한다!"

그 소리를 듣고는 배에 타고 있던 사람들이 너도나도 한 마디씩 했다.

"아, 다루네 갈 거면 우리 집에도 얘기 좀 전해 다오. 우리 누렁이는 고삐를 세게 당기면 꿈쩍도 하지 않으니 조심하라고, 마을 사람들한테 단단히 이르라고 말이야. 우리 집은 감나무 집이다."

* 말린 고기
음식을 오래 두고 먹을 방법으로 예부터 여러 가지 저장법이 발달했는데, 소금을 이용하는 염장법, 말려서 저장하는 건조법, 젓갈이나 김치처럼 발효시켜 저장하는 발효법 등이 있다. 백제인들은 건조법을 이용하여 나물, 생선, 고기 등을 말려서 오래 두고 먹었다.

"애야, 우리 집사람한테 텃밭에 둔 가래를 촌주 어른께 좀 갖다 주라고 전해 다오. 저번에도 늦게 갖다 줘서 이웃에서 고생했다더라. 우리 집은 우물 옆이다."

"나도, 나도! 낚시 바구니에 물고기를 담아 놓고 그냥 왔지 뭐냐. 꺼내서 좀 말리라고 해 줘. 그물도 깨끗이 씻어서 널고!"

여기저기서 소리쳐 말하는 바람에 준호는 어안이 벙벙했다. 하지만 민호와 수진은 신이 나서는 "네, 그럼요!", "우리만 믿으세요!" 하고 큰소리를 쳤다. 말린 고기를 주머니에 넣으며 생긋 웃기도 했다.

그때 미추홀로 가는 배의 사공이 손을 들어 재촉했다.

"아, 어서 타슈! 안 갈 거요?"

그러자 다루 아저씨가 "아, 예, 갑니다. 잠시만요! 애들아, 그럼 부탁한다!" 하며 허둥지둥 배에 올라탔다.

"잠깐만요, 아저씨네 마을이 어디 있는데요?"

준호가 외쳐 묻자 아저씨가 멀리 성벽 너머를 가리켰다.

"저 성벽 끝에 갈림길이 있는데, 거기서 오른쪽으로 꺾으면 마을이 나올 거야. 그 마을에서 다루네가 어디냐고 물어보면 돼! 저장 구덩이 바로 옆이니, 금방 찾을 게다."

셋은 고개를 끄덕이며 손을 흔들었다. 아저씨도 손을 들어 보였다.

나루터에는 다루 아저씨가 탄 배 같은 작은 나룻배뿐 아니라, 짐을 가득 실은 커다란 배들도 많이 있었다. 그 배들은 하나같이 큰 돛을 달고 있었다.

나루터 주변은 사람들로 분주했다. 값비싼 비단옷을 입은 사람과 허름한 삼베옷을 입은 사람, 산더미 같은 등짐을 진 사람과 아주 작은 봇짐만 진 사람, 소달구지에 짐을 싣고 가는 사람과 지게로 실어 나르는 사람 등 온갖 사람들이 한데 뒤섞인 채 오가고 있었다. 개중에는 일본 사람이나 중국 사람처럼 말투가 특이하고 차림새가 색다른 사람들도 눈에 띄었다.

나루터 한쪽에는 짐들이 반듯한 네모꼴로 층층이 쌓여

있었다. 조금 떨어진 곳에는 물길로 실어 온 듯한 통나무 더미도 보였다.

이른바 '한강 나루터'로 불리는 그곳은 우리나라뿐 아니라 외국과도 무역을 하는 거대한 국제 무역항* 같았다.

아저씨가 탄 배가 저만치 멀어져 가자 셋은 뿌듯한 마음으로 할머니네 집을 찾아 나섰다. 하지만 막상 그곳에 갈 생각을 하니, 준호는 마음이 편치 않았다. 혹시라도 아까 셋이서 도망쳐 온 마을이 아닐까 걱정스러웠던 것이다.

준호는 불안한 눈빛으로 주위를 두리번거리며 번잡한 나루터를 가로질렀다.

"여어, 꼬마들! 아버지는 만났냐? 보따리는 잘 전했고?"

나루터 어귀를 지날 무렵, 아이들을 보내 주자고 했던

* **국제 무역항**
한강은 한반도 동쪽인 태백산맥에서 강원, 충청, 경기, 서울 일대를 지나 황해로 흘러가는 천혜의 뱃길이다. 백제인들은 이 한강을 통해 물자를 운반하고 이웃 나라와 활발히 왕래했다. 한강 나루터는 가까운 가야나 신라, 고구려뿐 아니라 멀리 일본과 중국의 배들도 자주 드나들어 사신과 상인들로 붐볐다.

인심 좋은 병사가 말을 건넸다. 아까까지 있던 소달구지도, 깐깐하게 검문하던 병사도 어디론가 가고 없어서 한산해 보였다.

"네, 아저씨 덕분에요."

수진이 인사를 하자 아저씨가 사람 좋게 웃었다.

"날이 덥구나. 어느 마을에 사냐? 집에 가려면 고생하겠구나."

셋은 고맙다고 인사하고, 나루터를 빠져나갔다.

이윽고 나루터 어귀를 지나자 거대한 성벽이 나타났다. 흙을 단단히 다져 쌓아 올린 성벽이 누런 빛깔의 거대한 띠처럼 길게 뻗어 있었다.

'이 성벽 끝에 갈림길이 있다고 했지. 거기서 오른쪽으로……'

그 순간 준호의 머릿속에 서울에서 보았던 거대한 흙벽이 떠올랐다.

빌딩 숲에 에워싸인 채 일부만 남아 있던, 한강 부근의 큰 사거리에서 보았던 벽. 아빠와 함께 미사리의 백제 유적지를 찾아가던 날, 풍납동 사거리에서 보았던 그 성벽이 신기루처럼 떠오른 것이다.

"개발이 뭔지, 아파트 공사 때문에 하마터면 포클레인으로 이 귀한 문화 유적을 다 부수어 버릴 뻔했단다. 조상들의 삶의 자취가 담긴 우리 역사가 땅속에 통째로 묻힐 뻔한 거지."

그렇게 말하던 아빠의 목소리가 생생하게 떠올랐다.

성벽이 끝나고 논밭 지대가 나올 무렵, 준호는 떨리는 목소리로 중얼거렸다.

"저 성은 풍납토성*이야. 백제의 풍납토성······. 역시 여긴 백제였어."

* 풍납토성
서울의 한강 부근에 있는 초기 한성 시대 백제의 성. 돌로 지은 고구려의 성과 달리, 한강에서 쉽게 구할 수 있는 흙을 일정한 두께로 다져 평지에 성벽을 쌓아 올린 토성이다. 풍납토성은 한강을 끼고 아차산성과 마주 보는 교통의 요지에 자리 잡고 있어 무역이 발달했다. 백제의 왕성이었을 것이라고 여겨진다. 집터, 창고, 제사터, 우물 외에 수만 점의 유물이 출토되었다. 풍납토성 자리에는 현재 '한성백제박물관'이 세워져 있다.

민호는 귀가 번쩍 뜨였다.

"여기가 백제라고?"

수진도 눈이 휘둥그레져서 물었다.

"그럼 아까 우리를 막았던 그 아저씨들이 백제 병사들이야?"

준호가 고개를 끄덕이자 수진이 꽥 소리를 질렀다.

"이야, 드디어 진짜 옛날 병사들을 만났다!"

그때였다.

부스럭 하는 소리가 나더니, 길가의 풀밭에서 누군가가 불쑥 몸을 일으켰다.

준호는 깜짝 놀라 걸음을 뚝 멈추었다. 풀밭에서 웬 소년이 세 아이를 말똥말똥 쳐다보고 있었다.

준호는 소년을 훑어보다가, 지게를 받친 작대기를 보고 무심코 안도의 한숨을 내쉬었다. 아까 나루터에서 보았던 그 소년이 틀림없었다.

수진이 대뜸 물었다.

"잘됐다. 혹시, 다루 아저씨 알아? 어떤 할머니랑 사는 분인데."

밑도 끝도 없는 질문이었지만, 놀랍게도 소년이 눈을 동그랗게 뜨고 대답했다.

"다루 아저씨? 오늘 아침에 미추홀로 떠나셨는데."

"어, 형, 다루 아저씨를 알아? 그럼 아저씨네 집도 알겠네?"

민호가 묻자 소년이 고개를 끄덕였다.

"응, 우리 마을에 있어."

수진이 박수를 치며 말했다.

"그럼 같이 가면 되겠다! 아저씨네 집 좀 가르쳐 줘. 우린 길을 잘 모르거든."

소년은 흔쾌히 고개를 끄덕였다.

"좋아, 이 풀만 좀 더 베고. 그런데 아저씨네는 무슨 일로 가는 거야? 아저씨랑 어떻게 아는데?"

소년이 물었다.

이번에도 민호가 얼렁뚱땅 둘러댔다.

"응, 친척이야. 먼 친척. 우린 심부름 온 거야."

준호는 어쩐지 소년에게 미안한 마음이 들었다. 친절한 소년에게 거짓말을 하는 것이 마음에 걸렸다. 하지만 어쩔 수가 없었다. 셋은 지금 남의 옷을 훔쳐 입고 다니는 처지였다. 의심을 사지 않으려면 조심하는 수밖에 없었다.

이내 소년이 풀이 가득 담긴 지게를 지고 앞장서 가자 준호가 조심스레 말을 건넸다.

"여기서 멀어?"

소년이 손사래를 쳤다.

"아니, 금방이야. 저 언덕만 넘으면 돼."

다행히 소년이 가는 길은 아까 옷을 훔쳐 입었던 그 집과는 반대 방향 같았다. 준호는 안도의 한숨을 쉬며, 소년이 앞서가는 길을 눈여겨보았다.

키 큰 나무와 길쭉한 돌이 서 있는 마을 어귀를 지나자, 곧 땅바닥에 원뿔 모양의 짚 지붕이 덮인 곳이 보였다. 그

곳이 다루 아저씨가 말한 저장 구덩이*인 것 같았다. 그 바로 옆에 있는 집 앞에서 소년이 걸음을 멈추었다.

"할머니, 안에 계세요?"

소년이 소리치자, 안에서 인기척이 나더니 할머니 한 분이 고개를 내밀었다.

"누구냐?"

흰머리에 주름살이 쪼글쪼글한 얼굴. 아까 길에서 심부름을 부탁했던 바로 그 할머니였다.

"할머니!"

민호와 수진이 소리치며 달려가자 할머니도 "아이고, 너희들이구나!" 하며 아이들을 얼싸안았다.

소년이 지게 작대기로 바닥을 살짝 두드리며 인사했다.

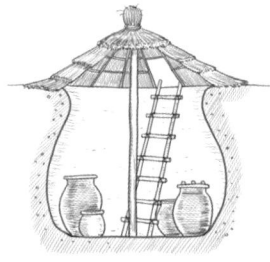

* **저장 구덩이**
백제의 지하 저장 시설. 땅에 구덩이를 깊게 파고 한가운데 기둥을 박아 그 위에 원뿔 모양의 짚 지붕을 덮었다. 구덩이 속은 지면보다 온도가 낮아 음식이나 재료를 신선하게 보관할 수 있었다. 곡식이나 과일 등 오래 두고 먹을 음식들을 보관했을 것으로 여겨진다.

"할머니, 저는 가 볼게요. 누렁이 여물도 주고, 물 대는 데도 나가 봐야겠어요."

할머니는 그제야 손을 저으며 소년에게 안부를 물었다.

"아이고, 내 정신 좀 봐라. 아버지가 약재를 구하러 가신다더니, 잘 떠나셨누? 농사철에 일손도 달리는데, 아버지도 없이 고생이 많겠구나."

준호는 '약재?' 하고 속으로 되뇌었다.

소년이 한강 나루터에 갔던 것은 아버지를 배웅하기 위해서였던 모양이었다. 약재를 구하러 떠났다니, 누군가 아픈지도 몰랐다.

"아니에요, 할머니가 걱정이지요. 이따가 제가 거들어 드릴 테니, 천천히 나오세요."

할머니는 "아이고, 미안해서 어쩌나……." 하면서도 안도의 한숨을 내쉬었다.

"김매기며 도랑 치기며 그 많은 일을 언제 다 하나 싶었는데, 정말 고맙구나. 할미도 금방 나갈 테니, 들에서 보자꾸나."

소년은 준호와 민호한테도 손을 들어 인사를 하고는, 터벅터벅 집으로 떠났다.

준호는 멀어져 가는 소년의 뒷모습을 바라보며 왠지 모르게 아쉬운 마음이 들었다. 고맙다는 인사도 제대로 못

한 채 헤어진 것 같아 마음이 쓰였다. 할머니의 굽은 등과 쪼글쪼글한 얼굴도 마음에 걸렸다.

준호는 민호의 주머니에 있던 모래시계를 보았다. 아직 모래가 반밖에 흘러내리지 않았다. 이곳이 풍납토성이 맞다면, 그냥 지나치고 싶지 않았다.

마침내 준호는 마음을 굳혔다.

'부탁 받은 심부름을 끝내고 할머니네 일을 거들어 드리자!'

그것은 준호답지 않은 위험한 결심이었다. 준호와 민호와 수진은 낯선 과거에서 옷을 훔쳐 입고 쫓기고 있는 신세였으니까 말이다.

6. 백제의 마을에서 농사꾼이 되다

"할미하고 같이 가겠다고?"

할머니가 묻자 준호는 고개를 끄덕였다. 할머니의 도움을 받아 나루터에서 부탁 받은 앞집과 옆집, 그리고 조금 떨어진 이천댁네까지 심부름을 모두 끝낸 뒤였다.

민호와 수진은 무슨 큰 모험이라도 벌이는 줄 알고 손뼉을 치며 좋아했다.

"야호, 신난다!"

할머니는 얼굴을 살짝 찡그리며 손을 내저었다.

"심부름해 준 것도 고마운데, 또 신세를 질 순 없지. 날도 더운데, 어서들 집에 가거라!"

하지만 셋은 막무가내로 떼를 써서 기어코 할머니의 허락을 받아 냈다. 그러고는 저마다 할머니의 짐을 하나씩 나누어 들고 끙끙거리며 들로 갔다. 민호는 물에 불린 보리가 담긴 광주리를, 수진은 그릇과 젓가락이 담긴 함지를, 준호는 반찬 통과 마실 물을 들었다.

"저기다!"

민호가 소리쳤다.

민호가 반가운 듯 사람들이 모여 있는 곳을 가리키자, 할머니가 빙긋 웃었다.

들에는 벌써 많은 사람들이 논에 물을 대기 위해 모여 있었다. 몹시 가물었는지 벼*들이 시들시들했다.

* 벼

삼국 시대 이전까지는 보리나 콩, 기장 등을 주로 재배했으나, 삼국 시대에는 백제와 신라에서 벼 재배가 크게 늘었다. 벼의 열매인 쌀은 밥을 지어 먹고, 줄기와 잎은 짚으로 썼다. 벼농사가 활발해진 뒤에도 오랫동안 쌀밥은 왕과 귀족 등 일부 상류층 사람들이 먹었고, 일반 백성들은 좁쌀과 기장쌀 등으로 밥을 지어 먹었다.

마을의 지도자인 촌주와 일관부* 사람을 비롯해 낫과 호미를 든 마을 사람들이 저마다 일할 채비를 서두르고 있었다.

저수지 부근에서는 남자들이 웃통을 벗고 수로를 손질하고 있었다. 수로 바닥을 골라 삽으로 흙을 떠내는가 하면, 물이 지나가도 물길 가장자리의 흙이 무너지지 않도록 나무 기둥을 박아 튼튼한 나무 벽을 세우기도 했다.

셋은 괜히 가슴이 설렜다.

"앗, 아까 그 애다!"

수진이 사람들 틈에서 소년을 발견하고 소리쳤다.

소년은 뜻밖이라는 듯 활짝 웃으며 아이들 쪽으로 뛰어왔다.

---

* **일관부**

날씨나 절기 등 농사에 필요한 지식을 알려 주던 관청. 벼농사가 발달한 백제에서는 일관부를 두고 천문박사 등으로 하여금 농사에 필요한 절기와 천문 정보 등을 백성들에게 알려 주게 했다. 옛날에는 하늘을 보고 자연의 원리를 연구하고 천체의 변화로 국가의 길흉을 따졌다. 그래서 일관부에서는 농사에 필요한 지식뿐 아니라 점성술도 연구했다.

"너네도 왔어?"

준호와 민호도 활짝 웃으며 인사했다.

"응, 우리도 같이 거들려고. 우린 뭐 할까?"

준호가 묻자 소년은 스스럼없이 민호와 수진에게 호미를 건넸다.

"잘됐다, 일손이 달렸는데! 너희 둘은 이 호미로 풀 좀 뽑아 줘. 아까운 물을 풀들이 다 먹어 치우지 않게."

그러고는 준호의 어깨를 툭 치며 말했다.

"우린 작은 물길을 손보자. 이 삽으로 도랑 바닥에 쌓인 흙을 퍼내면 돼. 물이 잘 흐르게."

소년이 스스럼없이 대해 주어 준호는 기분이 좋았다. 낯선 과거에서 또래 친구가 생긴 것 같아 기뻤다.

"에이, 치사하게 우리 형한테만 큰 걸 주냐? 우리한테는 겨우 호미나 주고!"

"그러게! 우리도 잘할 수 있는데."

민호와 수진이 투덜대자 준호와 소년은 서로 마주 보며 웃음을 터뜨렸다.

준호는 배낭을 단단히 둘러메고는 소년이 준 삽으로 도랑 바닥을 고르기 시작했다. 소년이 호미로 도랑 바닥에 자라난 풀을 캐고 흙을 고르면, 준호가 삽으로 도랑 옆면이나 바닥의 잔풀들을 긁어냈다.

바닥의 잔풀 사이에 숨어 있던 개구리들이 놀라서 펄쩍 뛰어나왔다.

"으악!"

준호가 깜짝 놀라 물러나자 소년이 푸하하 웃음을 터뜨렸다. 준호는 멋쩍게 웃었다.

사람이 없는 논에는 이따금 흰 물새들이 날아와 뭔가를 잡아먹었다. 준호는 삽을 처음 써 봐서 조금 어설프긴 했지만, 그래도 땀을 뚝뚝 흘려 가며 열심히 일했다.

민호도 수진을 따라 논둑과 도랑의 풀을 뽑고, 논에 있는 잡초를 뽑아냈다. 하지만 어떤 것이 벼이고, 어떤 것이 잡초인지 헷갈려서 수진에게 구박을 받았.

"야, 이 바보야, 이건 벼잖아, 벼! 이 벼에 이삭이 얼마나 많이 달리는데, 아깝게 이걸 뽑고 있어!"

민호는 발끈했지만, 아무리 봐도 헷갈렸다. 마치 물방개와 물땅땅이처럼 구분이 안 갔다.

수진은 풀을 뽑으며 연방 주위를 두리번거렸다. 가장자리에 짙은 천을 덧댄 흰옷을 입고 머리에 수건을 동여맨 사람들, 짚으로 지붕을 얹은 초가집과 집 안에 놓인 아궁이, 나무나 흙으로 된 그릇들, 삽처럼 지금과는 모양이 다른 농기구 등을 빼고는 자기가 사는 동네의 풍경과 별로 다를 바가 없었다.

"여기가 정말 백제 맞아?"

수진이 묻자 준호가 화들짝 놀라 입 모양으로 쉿 하고 주의를 주었다.

"그러다 몸살 날라, 쉬엄쉬엄해라."

옆 논에서 할머니가 비지땀을 흘리며 소리쳤다. 할머니는 휴경지(농사를 짓지 않고 쉬게 하는 땅) 한구석에 진흙으로 만든 한뎃부엌에서 솥에 시루*를 얹고 밥을 짓고 있었다. 소년의 어머니와 누나도 할머니와 함께 일꾼들에게 먹일 밥을 준비하느라 분주했다.

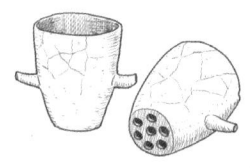

* 시루

쌀이나 떡 등을 찌는 데 쓰는 조리 도구. 한성 백제 시대에는 주로 진흙으로 만들어, 솥 위에 올려놓고 바닥의 구멍으로 올라오는 증기로 음식을 쪘다. 우리나라에서는 원시 농경 시대부터 사용되었으며, 쇠솥이 보급되기 전까지는 흙으로 빚은 그릇에 음식물이 달라붙지 않도록 곡식을 죽처럼 끓여 먹거나 쪄서 먹었다. 그 뒤 철기가 보급되어 쇠솥이 등장하면서부터 오늘날처럼 밥을 해 먹을 수 있게 되었다.

소년의 말로는 보통 세 집이 한 모둠이 되어 농기구도 같이 쓰고, 일손이 모자랄 때 서로 도와 가며 일을 한다고 했다. 소년네와 할머니네도 공동으로 농기구를 쓰면서 함께 농사를 지었다.

이윽고 도랑 치기가 끝났다. 곳곳에서 일꾼들이 농기구를 들고 저수지 쪽을 향해 흔들었다.

"어이!"

잠시 뒤 저수지 쪽에서 누군가 삽을 쳐들고 흔들더니, 곧이어 아저씨 한 분이 물길을 따라 달려오며 "옵니다, 와요, 준비하세요!" 하고 소리쳤다.

그러자 저쪽 논두렁에 서서 일을 지휘하던 할아버지 한 분이 살포*로 논의 물꼬를 텄다. 그것을 신호로 모든 논에

* 살포

우리나라의 전통 농기구로 논에 물꼬를 트거나 막을 때 썼다. 손바닥만 한 날에 비해 자루는 길었다. 논에 나갈 때 지팡이처럼 짚고 다니기도 했다. 살포는 보통 아무나 쓰지 못하고 농사일을 이끄는 사람이나 마을의 촌장 등 권위 있는 사람만 쓸 수 있었다. 손가래, 삽가래, 살포갱이 등으로도 불린다.

서 삽을 든 사람들이 물꼬를 트기 시작했다.

소년이 수진과 민호에게 말했다.

"곧 저수지 문을 열 거니까 빨리 움직이자! 너희 둘은 계속 풀을 뽑아. 우린 논에 물을 댈 테니까!"

그러고는 준호를 데리고 작은 수로의 입구에 있는 논으로 갔다.

"내가 왼쪽 논을 맡을 테니까, 넌 오른쪽을 맡아. 내가 먼저 물꼬를 터서 물을 대고 나면, 그다음에 네가 물꼬를 터. 그 다음 논은 다시 내가 물꼬를 틀게."

소년이 재빨리 삽을 수로 입구 쪽으로 가져갔다. 물길 쪽으로 나 있는 논두렁 한 부분의 흙을 안쪽으로 긁어서 작은 물길을 튼 것이다. 그것이 소년이 말한 '물꼬를 트는 일'인 것 같았다. 그 좁은 틈으로 물이 흘러 들어올 모양이었다.

"물꼬를 너무 크게 트면 안 돼. 흙을 너무 많이 퍼내면, 물이 콸콸 쏟아져 들어와서 논둑이 다 무너진단 말이야!

내가 해 줄까?"

수진이 자기가 맡은 일은 할 생각도 않고 준호 쪽으로 달려와 아는 척을 했다.

도시에서 자란 준호, 민호와 달리 수진은 농사일을 '제법' 잘 알았다. 수진은 호미가 아니라 삽을 만져 보고 싶은 눈치였다. 하지만 소년이 믿고 맡긴 삽인데, 수진에게 넘길 수는 없었다.

준호는 "내가 해 볼게." 하고 말하며 마음속으로 소년처럼 삽질을 해 보았다. 잘할 수 있을지 자신은 없었지만, 적어도 논에 물을 대는 원리는 알 것 같았다.

저수지의 수문에서 흘러나오는 물이 큰 수로를 따라 내려오면, 그 물이 작은 수로로 들어가 논마다 흘러 들어가는 모양이었다. 논과 논 사이에도 물길이 있어서 물꼬를 터 주면 멀리 있는 논까지 물을 댈 수 있게 되어 있었다.

"이야, 온다, 온다!"

민호가 저수지 수문에서 막 흘러나오기 시작한 물줄기

를 보며 고함을 질렀다.

"어디, 어디!"

수진은 냉큼 물이 흘러오는 수로로 달려갔다.

물이 마치 수로의 누런 흙바닥을 삼켜 버릴 듯 세차게 소용돌이치며 달려오고 있었다. 준호는 가슴이 쿵쿵 뛰었다.

여기저기서 탄성이 솟구쳤다.

"허, 엄청나구먼!"

"어지간한 건 몽땅 삼켜 버리겠네!"

물살은 누런 흙을 몰고 세차게 흘러 내려와 작은 수로를 통해 바닥이 쩍쩍 갈라진 논으로 검푸른 뱀처럼 흘러 들어갔다. 검은 물 위에서 번들거리는 먼지덩이들이 뱀의 비늘처럼 햇빛에 꿈틀거렸다. 바짝 마른 논바닥이 삽시간에 검은 물에 잠겼다.

"우리도 서두르자!"

마침내 소년과 준호가 골라 놓은 도랑으로도 물이 흘러 들어왔다.

소년이 재빨리 첫 논에 물꼬를 트자 순식간에 논으로 물이 흘러 들어왔다. 물이 발목까지 차오를 즈음, 준호가 다음 논에 물꼬를 터서 물을 댔다.

준호는 처음 해 보는 일이라서 서툴었지만, 소년을 따라 서너 번 하다 보니 차츰 익숙해졌다. 물꼬로 흘러 들어온 물이 발가락 사이로 비집고 들어오는 감촉이 간지러웠다.

민호와 수진은 흥분해서 소리소리 지르며 물을 쫓아다녔다.

"일하는 게 어설프긴 해도 제법 손발이 맞는걸!"

소년이 비지땀을 흘리며 소리치자 준호는 볕에 붉게 그을린 얼굴로 씩 웃었다. 늘 책만 보던 자신이 제법 일을 할 줄 아는 농사꾼이 된 것 같아 뿌듯했다.

어느새 논마다 물이 찰랑거렸다. 벼들이 더 푸르러지고 반짝반짝 윤기가 나는 것 같았다.

"부디 풍년이 들어야 할 텐데……."

옆 논에서 물꼬를 트던 아저씨 한 분이 허리를 펴고 한숨을 쉬며 말했다.

"그러게 말일세. 지난해에 꾼 곡식이라도 다 갚아야 할 텐데, 걱정이야."

다른 아저씨가 덩달아 한숨을 쉬었다. 옆에서 한 아주머니도 말했다.

"꾼 곡식을 갚기는커녕 세곡(세금으로 내는 곡식)이나 제대로 낼는지. 제발 풍년이 들어야 할 텐데……."

그러고는 후유 하고 깊은 한숨을 내쉬었다.

아주머니 아저씨들 말로는 작년에 흉년이 드는 바람에 나라에서 곡식을 꾸었는데, 올해 그 곡식을 못 갚으면 자식을 나라에 노비로 바쳐야 한다고 했다.

그래서 빚을 갚을 수 없는 사람들은 쌀이 많은 귀족이나 부잣집에 비싼 고리대를 내고 쌀을 꾸어 나라에 갚거나, 밤중에 남몰래 멀리 도망을 갔다. 자식을 노비로 보내느니, 온 가족이 깊은 산에서 숨어 산다는 것이다.

마을 사람들의 이야기를 듣고 준호는 너무한다는 생각

이 들었다.

'어린아이를 노비로 만들다니, 어떻게 그럴 수 있지? 어린애가 식구들이랑 헤어져서 얼마나 힘들까.'

옛날에 노비가 있었다는 사실은 알고 있었지만, 막상 직접 이야기를 들으니 너무 불쌍했다.

"여보게들, 먹고 일하세! 어서 와!"

근처의 휴경지에서 할머니가 불렀다.

아저씨들이 왁자지껄 삽과 가래 등을 내려놓고 논물에 손을 씻었다. 휴경지에는 먹을거리가 먹음직스럽게 준비되어 있었다.

준호는 문득 모래시계의 시간이 얼마나 남았을까 걱정이 되었다. 하지만 배에서 꼬르륵 소리가 나자 재빨리 손을 씻고 민호, 수진과 함께 앞다투어 달려갔다. 배는 이제 꼬르륵거리다 못해 우르릉 쾅쾅 천둥소리를 내고 있었다.

7. 낮고 쉰 듯한 목소리

밭 한가운데에는 짚으로 짠 깔개가 깔려 있고, 그 위에 상추와 된장, 나물 반찬이 놓여 있었다.

웃통을 벗은 아저씨 하나가 짚 깔개 위에 엉덩이를 걸치고 앉으며 우스갯소리를 했다.

"아이고, 밥내 좋다! 둘이 먹다가 하나가 죽어도 모르겠어!"

그러자 또 한 아저씨가 헝겊으로 몸을 닦으며 말했다.

"이 사람아, 둘이 먹다가 하나가 죽기는! 둘이 먹다가 열이 죽어도 모르겠구먼!"

와하하 웃음소리가 터져 나왔다.

할머니가 주걱으로 쥐어박는 시늉을 했다.

"예끼, 이 사람! 실없는 소리 하지 말고, 어서 와서 앉기나 해!"

아저씨가 주걱을 피하는 시늉을 하며 "아이고, 할매 무서워서 농담도 못하겠네. 이러다 맞겠어!" 하고 엄살을 부렸다. 와하하 하는 유쾌한 웃음소리가 다시금 터졌다.

수진과 민호와 준호도 그 분위기에 휩쓸려 아저씨를 따라 밥을 날랐다.

"그런데 애들은 누구예요? 못 보던 아이들인데, 할머니네 친척인가요?"

소년의 어머니가 밥을 퍼 주며 묻자, 준호는 움찔하고 말았다. 다행히 할머니가 "친척? 친척보다 훨씬 낫지. 심부름도 잘하고, 이렇게 일도 도와주고, 우리 손주 삼아야겠어." 하고 받아넘겼다. 준호는 남몰래 안도의 한숨을 쉬었다.

깔개 위에 하나씩 놓인 나무 밥그릇에서 김이 솔솔 올라왔다. 보리 좁쌀밥에 상추와 된장, 나물 반찬이 전부였지만, 다들 일을 한 뒤라서인지 군침을 삼켰다.

아저씨 한 분이 나물 절임을 입에 넣으며 말했다.

"김치에는 그저 술이 최곤데! 할매, 술은 없어요? 아, 술도 안 주면서 일 시키는 인심이 어디 있어요? 거 참, 야박하시네!"

그냥 나물 절임인 줄 알았는데, 김치*였나 보다. 준호는 고추가 나중에 우리나라에 들어왔다는 사실을 떠올렸다.

할머니가 타박을 주었다.

"예끼, 이 사람, 술은 무슨 술! 오늘 저 밭까지 다 갈아야 하는데, 지금 술 마시면 누렁이 혼자 다 갈게 할 셈인가?"

그러자 할머니의 말을 듣기라도 한 듯 근처에 매여 있던

---

* 김치

우리 민족은 오래전부터 주식인 밥과 함께 반찬을 곁들여 먹었다. 특히 김치는 우리 민족의 대표 반찬으로, 채소를 소금에 절이고 양념을 버무려 발효시킨 음식이다. 상하기 쉬운 채소를 오래 두고 먹을 수 있도록 소금에 절여 먹은 것이다. 김치에 고춧가루를 넣기 시작한 것은 임진왜란 때 일본을 통해 고추가 우리나라에 전해진 뒤인 17세기부터이며, 그 전에는 고춧가루를 넣지 않은 김치를 먹었다.

황소*가 음매 하고 울었다. 또다시 웃음소리가 터졌다.

"누렁이가 자기 얘기 하는 줄 다 아네. 자네보다 똑똑하구먼!"

할머니의 말에 다시 한번 왁자지껄한 웃음소리가 터져 나왔다.

그때 준호의 등 너머에서 누군가 소리쳤다.

"고모, 오늘 물 댄다더니, 벌써 다 끝났네요. 다루도 없는데, 고생 많으셨수!"

준호는 밥을 푹 떠서 입에 넣으며 무심코 뒤를 돌아보았다. 이상하게 목소리가 낯설지 않았다. 낮고 쉰 듯한 아주머니의 목소리. 한낮의 햇빛이 눈부셔서 처음에는 아주머니의 얼굴이 잘 보이지 않았다.

* **황소**
소는 짐을 실어 나르는 운반 수단이자 농사에 필요한 중요한 노동력이었다. 3~4세기까지는 주로 '따비'라는 도구를 이용하여 사람이 직접 밭을 갈았으나, 4~6세기부터는 소나 말이 끄는 쟁기로 밭을 갈았다. 덕분에 짧은 시간에 많은 땅을 갈 수가 있었고, 사람들은 일손을 아껴 다른 일을 할 수 있게 되었다. 그래서 농업 생산력이 크게 높아졌다.

"고모, 남는 밥 있지요? 일 거들러 왔다가 밥만 축내고 간다고 욕하지 마세요. 아침에 일이 있어서 늦은 거니까!"

준호는 문득 불길한 느낌이 들었다.

'설마······.'

다음 순간 준호는 목소리의 주인공을 발견하고는 눈이 튀어나올 뻔했다.

맙소사!

아까 그 아주머니였다! 허락 없이 옷을 빌려 입다가 들켰던 바로 그 아주머니!

준호는 얼른 고개를 돌리고 모르는 척했다. 심장에서 쾅쾅 소리가 나는 것 같았다.

'어서 달아나야 돼!'

준호는 숨을 죽이고 아저씨들 틈에서 김치를 얻어먹고 있는 민호와 수진에게로 엉금엉금 기어갔다.

바로 그때 민호가 준호를 보고 큰 소리로 외쳤다.

"형, 이것 좀 봐! 발목에 이상한 게 붙었어. 점점 커져!"

준호는 하얗게 질린 채 쉿 하고 주의를 주었다.

하지만 이번에는 수진이 소리쳤다.

"앗, 거머리다! 내가 떼 줄게!"

이제 아주머니가 눈치채는 것은 시간문제였다. 고개를 숙이고 엿보니, 아주머니가 수진과 민호를 유심히 바라보고 있었다.

'아, 제발…….'

준호는 아주머니가 못 알아보기만을 바랐다.

하지만 아주머니는 민호와 수진 쪽으로 저벅저벅 다가오더니 코앞에서 셋의 얼굴을 차례로 들여다보았다.

"아니, 너희는!"

준호는 심장이 멎을 것만 같았다.

아주머니가 소리쳤다.

"아까 그 녀석들 맞지! 옷을 훔쳐 간 그 도둑놈들!"

아주머니는 다짜고짜 준호와 민호의 목덜미를 움켜쥐었다. 준호와 민호는 캑캑대며 발버둥을 쳤다.

"캑, 이거 놔요! 놓으란 말예요!"

수진도 아주머니의 팔을 붙들고 늘어졌다.

"아줌마, 이거 놔요! 왜 이래요!"

그러자 아주머니가 눈을 부라리며 버럭 고함을 질렀다.

"왜 이러냐니, 몰라서 물어, 이 도둑놈들아!"

갑작스러운 소란에 사람들이 밥을 먹다 말고 몰려왔다.

"왜 그러세요, 아줌마! 갑자기 도둑이라니요, 뭘 잘못 아셨겠지요!"

소년이 말리자 할머니도 놀라서 뜯어말렸다.

"도둑이라니, 무슨 소리냐. 이거 좀 놓고 얘기해."

아주머니가 흥분해서 말했다.

"무슨 소리예요, 고모! 오늘 아침에 얘들이 우리 옷을 훔쳐 갔단 말예요. 당장 사구부*에 넘겨야겠어요!"

아주머니는 준호와 민호의 목덜미를 움켜쥐고 마구 흔들어 댔다. 준호와 민호는 숨이 막혀서 죽을 것만 같았다.

소년이 다급하게 말했다.

"얘들은 할머니네 친척인데, 무슨 소리예요? 뭔가 오해하신 것 같은데, 제발 그 손 좀 놓고 말씀하세요."

*** 사구부**
백제에서 형벌을 맡았던 관청으로, 죄인을 다스리고 법을 집행했다. 백제에는 궁중과 왕실의 일을 맡아보는 내관과 일반 행정을 맡아보는 외관이 있었다. 사구부는 일관부와 함께 외관에 속했다. 백제에서 남의 물건을 훔친 사람은 물건 값의 두세 배를 물어 주고 매질을 당하거나 유배를 가기도 했다.

아주머니는 그 말에 더욱 흥분했다.

"뭐, 친척? 친척은 무슨 얼어 죽을 친척!"

그때 촌주가 동네 장정 서너 명과 함께 사람들을 헤치고 걸어왔다.

"어험, 어험!"

촌주가 헛기침을 하고는 점잖게 물었다.

"무슨 일인가? 이 아이들이 도둑이라니, 자네 눈으로 봤는가?"

그 순간 민호의 주머니에 있던 모래시계와 준호의 배낭에 있던 두루마리가 살짝 꿈틀거렸다. 하지만 준호와 민호는 겁에 질려 있어서 눈치채지 못했다.

아주머니가 소리쳤다.

"보다마다요! 이놈들이 오늘 아침에 우리 옷을 훔쳐 입고 달아났다니까요!"

준호와 민호는 아주머니한테 목덜미를 잡힌 채 다리를 버둥거렸다.

촌주가 장정 하나에게 눈짓했다. 장정이 솥뚜껑 같은 손으로 준호의 멱살을 움켜쥐고는 허공에 번쩍 쳐들었다.

"바른대로 말해라. 이 아주머니 말이 맞느냐? 거짓말을 했다가는 뭇매를 맞을 줄 알아!"

준호는 숨이 막혀서 말을 할 수가 없었다.

민호가 캑캑대며 발버둥을 치고는 말했다.

"아저씨, 잘못했어요. 제발 놔주세요!"

촌주가 눈을 부릅뜨고 물었다.

"그럼 정말로 도둑질을 했단 말이냐!"

그러자 수진이 울음을 터뜨리며 촌주 앞에 무릎을 꿇었다. 수진이 손이 발이 되도록 싹싹 빌며 애원했다.

"훔친 게 아니고, 그냥 빌려 입은 거예요. 이따가 갖다 놓으려고 했어요. 정말이에요, 용서해 주세요!"

그러고는 끝내 울음을 터뜨렸다. 민호도 엉엉 목 놓아 울었다.

소년과 할머니는 안쓰러워서 어쩔 줄을 몰라 했다. 하지만 아주머니와 촌주의 서슬 퍼런 기세에 눌려 아무 말도 하지 못했다.

"고얀 놈들, 그걸 지금 변명이라고 하는 게냐!"

장정이 준호의 멱살을 쥐고 흔들어 댔다.

촌주가 천천히 입을 열었다.

"셋 다 마을로 데려가! 아무리 어리다 해도 도둑질은 엄히 다스려야 할 것이다!"

민호와 수진은 울고불고 난리를 쳤지만, 준호와 함께 우락부락한 사내들의 억센 손아귀에 붙잡히고 말았다.

바로 그 순간 민호의 주머니에 있던 모래시계가 세차게 꿈틀댔다. 잇달아 한 사내의 입에서 "으윽!" 하는 비명 소리가 났다. 수진이 사내의 팔목을 꽉 깨문 것이다.

사내가 시뻘게진 얼굴로 눈을 부릅뜬 채 "우읍!" 하고 수진과 민호에게서 손을 뗀 사이, 이번에는 민호가 주먹으로 준호를 잡고 있는 사내의 급소를 냅다 후려갈겼다. 사내는 "헉!" 소리를 내며 준호를 움켜쥐었던 손을 놓고는 그 자리에 맥없이 주저앉았다.

"뛰어!"

셋은 일제히 소리치며 논두렁으로 내달렸다.

"저, 저, 저, 저놈들 잡아라!"

촌주와 아주머니가 고함을 지르자 농사꾼 서너 명이 "게

섰거라!" 소리치며 쫓아오기 시작했다.

　셋은 있는 힘을 다해 달아났다. 하지만 좁은 논두렁길에서 농사꾼보다 빨리 달리기란 쉽지 않았다.

　쫓아오는 남자들과 아이들의 거리가 점점 좁혀질 무렵, 준호가 "악!" 하고 비명을 지르며 도랑에 고꾸라지고 말았다. 그 바람에 배낭에서 두루마리가 투두둑 빠져나왔다.

　"형!"

　민호와 수진이 준호에게 달려갔다.

　그 순간, 두루마리가 허공으로 둥실 떠올랐다. 잇달아 민호의 주머니에서 빠져나온 모래시계가 두루마리로 날아가 박혔다. 곧 두루마리에서 눈부신 푸른빛이 뿜어져 나왔다.

　"으아아아악!"

　사람들은 아이들을 잡으려다 말고 일제히 손을 들어 눈을 가렸다. 그리고 한참 뒤 눈을 떴을 때, 세 아이는 온데간데없이 사라지고 없었다.

8. 풀리지 않은 두루마리의 비밀

어디선가 날카로운 비명이 울렸다.

"안 돼! 살려 주세요!"

준호는 눈을 번쩍 뜨고 주위를 두리번거렸다. 검푸른 어둠 속에서 뭔가 움직이는 것이 보였다. 다음 순간 "이야, 살았다!" 하는 소리가 났다. 잇달아 "앗, 진짜다! 살았어, 아하하하!" 하는 상쾌한 웃음소리가 났다. 민호와 수진의 목소리였다.

"지하실이다, 지하실!"

"만세!"

민호와 수진은 너무 기쁜 나머지 엉겁결에 서로 얼싸안

았다. 하지만 곧 상대를 알아보고는 화들짝 놀라서 떨어졌다.

수진은 문득 푸른빛을 내뿜었던 두루마리가 궁금했다. 수진이 지하실을 두리번거리며 물었다.

"두루마리 어디 있지?"

민호가 그런 걸 왜 묻느냐는 듯이 대꾸했다.

"두루마리는 왜 찾아? 집에 돌아왔는데! 이제 두루마리는 없어도 돼."

하지만 수진은 지하실 바닥을 더듬으며 두루마리를 찾았다. 두루마리는 준호의 머리맡에 떨어져 있었다. 마치 아무 일도 없었다는 듯 곱게 말린 채 비단 끈에 얌전히 묶여 있었다.

수진이 신기한 듯 말했다.

"아까는 자기 혼자 저절로 펼쳐지더니 이제 도로 말려 있네? 진짜 신기하다. 누가 보면 아무 일도 없었던 줄 알겠어!"

민호가 잘난 척을 했다.

"그러니까 마법의 두루마리지! 이제 알겠어? 네가 얼마나 횡재를 했는지?"

수진은 뻐기듯 말하는 민호가 얄미워 입을 삐죽였다.

하지만 횡재는 횡재였다. 이웃도 그다지 많지 않은 마을에 어느 날 갑자기 자기 또래의 사내아이 둘이 이사를 온 것만도 여간 흥미진진한 일이 아니었다. 그런데 그 아이들이 마법의 두루마리를 갖고 과거로 모험을 다녀온 현장까지 잡았으니, 횡재도 이런 횡재가 없었다. 더구나 가벼운 협박으로 함께 과거 여행까지 다녀왔으니, 한마디로 운수 대통이었다.

준호는 "으…….." 하고 목을 어루만지며 천천히 일어나 앉았다. 방금 전 장정에게 멱살을 잡힌 채 끌려갈 뻔했던 순간이 떠오르자 부르르 몸서리가 쳐졌다. 하마터면 백제의 마을에서 도둑으로 몰려 큰일을 당할 뻔했다.

준호는 식은땀을 흘리며 후 한숨을 내쉬었다.

"마법의 두루마리 덕분에 살았어. 아까 잡혔으면……."

준호는 말하다 말고 다시금 몸을 부르르 떨었다.

수진과 민호도 새삼 화가 치미는 듯 분통을 터뜨렸다.

"아까 그 아줌마, 너무해! 우리 말은 들어 보지도 않고 무조건 도둑으로 몰았어!"

"맞아, 나쁜 아줌마야! 그렇게 싹싹 빌었는데도 막 화만 내고! 나 같으면 화가 났다가도 '오, 그래? 다시는 그러지 마, 응?' 하고 다 용서해 줬을 텐데."

수진이 흥분해서 말했다.

"나도! 뭐, 잡아 가서 매를 때린다고? 애들이 때릴 데가 어디 있다고! 나쁜 사람들이야!"

민호와 수진은 웬일인지 죽이 척척 맞았다. 하지만 아주 잠깐뿐이었다.

수진이 눈을 치뜨며 말했다.

"그건 그렇고, 이 바보야, 끝까지 잡아뗐어야지! 거기서 잘못했다고 그러면 어떡해? 너 때문에 큰일 날 뻔했잖아!"

민호가 발끈했다.

"뭐, 나 때문이라고? 말도 안 돼! 네가 먼저 옷을 빌려 입자고 꼬드겼잖아. 그것만 아니었어도 이런 일 없었을 거 아냐! 다 너 때문이야!"

준호는 머리가 아팠다. 그새 또 아옹다옹이다.

어쨌든 주인에게 말도 없이 옷을 빌려 입은 것은 잘못이었다. 사실 그 아주머니 입장에서는 난생처음 보는 아이들이 말도 없이 자기 집에 들어와 자기네 옷을 입고 있었으니 도둑으로 오해할 만했다. 더구나 옛날은 지금과 달리 물자가 귀했으니, 옷이나 식량을 훔치는 것이 큰 죄가 되었을 수도 있다. 어쨌든 함부로 남의 옷을 입는 바람에 큰 위험에 빠질 뻔했다.

'다시는 그러지 말자.'

준호는 마음속으로 굳게 다짐했다.

그 순간 뭔가 이상한 느낌이 들었다.

"어? 그러고 보니 옷이 없네?"

준호는 자신의 몸을 더듬으며 혼잣말로 중얼거렸다. 하지만 수진과 민호는 떠들어 대느라 미처 알아듣지 못했다.

수진이 팔짱을 끼고 날카롭게 말했다.

"그래, 다음부터는 옷을 더 감쪽같이 빌려야겠어. 아무도 모르게!"

그런 일을 당하고도 겁을 내기는커녕 다음 모험을 생각

하다니 준호는 수진이 너무나 놀라웠다.

민호가 고개를 끄덕이며 맞장구를 쳤다.

"하긴 들키지만 않았으면 되는 건데. 어쨌든 다루 아저씨한테 보따리도 갖다 드리고 할머니 일도 도와 드리고, 마지막에 도둑으로 몰린 것 말고는 다 좋았어!"

"난 병사 아저씨들 만났을 때가 제일 좋았어! 그땐 정말 아슬아슬했지 뭐야. 배가 떠날까 봐 얼마나 가슴이 조마조마하던지!"

수진은 병사들이 창으로 앞을 가로막던 순간을 떠올리며 활짝 웃었다.

"다음에는 이순신 장군이나 김유신 장군을 만났으면 좋겠다!"

준호는 고개를 설레설레 저었다.

문득 소년과 할머니가 떠올랐다. 자신들을 믿어 주고 친절하게 대해 주었는데……. 소년과 할머니에게 너무나 미안한 마음이 들었다.

"할머니랑 그 애, 얼마나 놀랐을까. 지금쯤 배신감을 느끼고 있겠지."

준호는 그렇게 말하고는 고개를 푹 수그렸다.

민호와 수진도 그만 풀이 죽었다.

민호가 시무룩한 얼굴로 중얼거렸다.

"우리한테 되게 잘해 줬는데……. 밥도 주고……."

수진도 풀 죽은 목소리로 말했다.

"맞아, 아까 그 아줌마도 말려 주고……."

그러다 문득 생각난 듯 눈을 반짝이며 민호의 등을 탁탁 쳤다.

"참, 너 아까 다루 아저씨를 아버지라고 둘러댄 거, 잘했어. 안 그랬으면 나루터에도 못 들어갔을 거야."

수진의 칭찬에 민호는 다시 기분이 좋아졌다. 민호가 어깨에 힘을 주고 말했다.

"하긴 내 덕분에 말린 고기도 얻었잖아! 아 참, 그 말린 고기 어디 있지?"

민호는 다루 아저씨가 나루터에서 준 말린 고기가 생각난 듯 주머니를 뒤적거렸다. 하지만 말린 고기는 사라지고 없었다.

민호가 투덜댔다.

"우씨, 내 말린 고기! 말린 고기가 없어졌어. 어디 흘렸나? 아유, 아까워라!"

준호는 정신이 번쩍 들었다.

"어? 그러고 보니 말린 고기도 없네. 옷도 없고, 말린 고기도 없고……."

준호는 재빨리 기억을 더듬었다. 전에도 이런 일이 있었나? 모래시계가 사라졌을 때는 나중에 보니 두루마리 속에 있었다. 하지만 옷과 말린 고기가 두루마리 속에 들어갔을 것 같지는 않았다.

그렇다면 옷과 말린 고기는 어디로 사라졌을까? 정확히는 알 수 없지만, 여기에 두루마리의 또 다른 비밀이 있는 것 같았다.

준호는 머리칼이 쭈뼛 섰다. 생각해 보니, 아직도 두루마리에 대해 모르는 게 너무 많았다.

저 두루마리들은 누구의 것일까? 누가 여기에 가져다 놓았을까? 두루마리의 주인도 우리처럼 과거로 여행을 다녀왔을까?

준호의 머릿속에서 질문이 꼬리에 꼬리를 물었다. 두루마리에 담긴 수많은 비밀과 마법을, 어떻게 알아낼 수 있을까?

준호는 곰곰 생각에 잠겼다.

준호의 역사 노트

과거 여행을 다녀온 뒤, 역사 박사 준호는 도서관과 아빠의 서재를 들락거리며 백제의 한성 시대 연구에 몰두했다. 준호는 무엇을 알아냈을까?

한강 유역에서 발달한 백제

백제의 첫 도읍, 한성

백제의 시조 온조는 한강 유역의 한성(지금의 서울)에 도읍지를 정하고 나라를 세웠다. 이후 475년 고구려에 밀려 웅진으로 천도하기까지 한성은 백제의 정치, 경제, 문화의 중심지였다. 이때를 '한성 시대'라고 부른다. 한성에는 왕이 사는 궁성과 행정 관청, 교역의 중심지인 한강 나루터, 도읍을 지키는 군사 시설이 있었다. 4세기 근초고왕 때는 한성을 중심으로 남으로는 전라도와 낙동강 유역, 북으로는 황해도까지 정복하며 전성기를 열었다.

농업의 발달

백제가 나라를 세운 한성 부근은 풍요로운 곡창 지대로, 땅이 기름지고 한강이 가까이 있어 농사에 필요한 물을 쉽게 얻을 수 있었다. 또 백제는 철기 문화를 일찍부터 받아들여 철제 농기구를 사용했는데, 철기는 청동기보다 더 단단하고 강해서 농사짓기에 좋았다. 농업에 필요한 과학 기술도 발달하여 저수지 등 관개 수로 시설을 만들어 가뭄을 해소하고 농사 절기에 맞춰 물을 대어 많은 곡식을 거둘 수 있었다. 백제는 이러한 높은 농업 생산력을 바탕으로 고대 국가로 발돋움해 나갔다.

활발한 교역

한성 시대 백제는 천혜의 무역로인 한강을 통해 가까운 가야에서부터 멀리 일본과 중국까지 사신을 주고받으며 무역 활동을 했다. 한강 부근의 풍납토성과 몽촌토성에서 발견된 수많은 도자기, 청동 자루솥(중국의 동진), 덩이쇠, 토기(가야) 등의 유물을 보면, 당시 백제가 한강을 통해 다른 나라와 얼마나 활발히 교류했는지 알 수 있다.

백제는 중국으로부터 받아들인 한학과 천문, 역법, 지리, 불교 등 발달된 문물을 일본에 전해 일본의 고대 문화 발전에도 도움을 주었다.

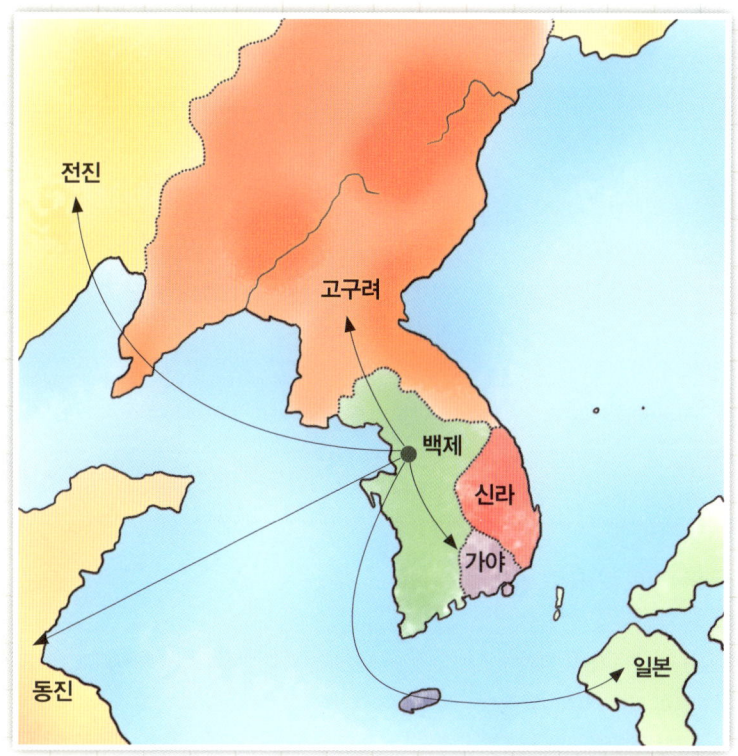

4세기 말 백제의 영토와 대외 관계

백제 사람들은 어떻게 살았을까?

백제 사람들은 보통 서너 집씩 모여 살면서 농기구를 공동으로 사용해 농사를 지었다. 마을 대표인 촌주가 마을의 가구수와 인구수를 조사하고 세금을 걷거나 부역을 맡기는 일을 했다.

찬장 아궁이 옆에 곡식과 반찬, 그릇 등을 놓아두었다.

아궁이와 쪽구들 아궁이에 불을 때 음식을 만들었다. 난방을 위해 아궁이가 있는 부뚜막과 별도로, 벽을 따라 쪽구들을 두기도 했다. 방바닥 전체를 데우는 온돌이 발명되기 전까지는 쪽구들에 의지하여 추위를 피했으며, 집 안에서 신발을 신고 다녔다.

음식

잡곡밥 일반 백성은 좁쌀, 콩, 보리 등으로 지은 잡곡밥을 주로 먹었고, 신분이 높은 사람들은 쌀밥을 먹었다. 당시에는 쌀 껍질을 벗기는 기술이 서툴러 흰 쌀밥이 아닌 누런 현미밥을 먹었다.

고기 닭고기, 돼지고기 등을 먹었다.

채소 아욱, 상추, 미나리, 오이, 가지, 순무 등을 먹었다. 오래 두고 먹기 위해 말려서 보관하거나 소금에 절여 저장해 두었다.

된장 콩에 소금물을 부어 발효시킨 된장으로 단백질(콩)과 염분(소금)을 섭취했다.

과일 잣, 밤, 복숭아, 배, 자두 등을 먹었다.

술 밀로 누룩을 만들어 쌀과 버무린 뒤 물을 부어 술을 빚었다. 술은 주로 제사에 쓰였으며, 곡식이 부족할 때는 술을 빚는 것이 금지되었다.

옷

삼베옷 일반 백성들은 거친 실로 짠 삼베옷을 주로 입었다. 여름에는 삼베 홑저고리와 바지만 입다가, 겨울이면 그 위에 다른 것을 겹쳐 입었다.

깃, 소맷부리 예부터 우리 민족은 깃과 소맷부리 등 옷의 가장자리에 다른 색 천으로 띠를 둘렀다.

바지 초기에는 남녀 모두 긴 저고리에 통이 좁은 바지를 입었으나, 여자들은 점차 바지 대신 폭 넓은 긴 치마를 입게 되었다.

횃대 옛날 옷걸이. 자주 입는 옷을 걸어 두었다.

거적문 짚으로 엮은 문. 여름에는 말아 올려 두고, 겨울에는 아래로 드리워 바람을 막았다.

입구 문을 열고 들어가면 작은 공간이 있고, 이곳에 호미나 삽, 가래 등 간단한 농기구를 두었다.

백제에서는 어떻게 벼농사를 지었을까?

　벼는 유럽의 밀, 아메리카의 옥수수와 함께 세계 3대 곡물의 하나이다. 단위 면적당 생산량이 높아 많은 사람을 먹여 살릴 수 있지만 농사를 짓는 데 손이 많이 간다. 콩이나 보리와 달리, 벼는 추위에 약해 날씨가 따뜻하고 물이 충분해야 잘 자라기 때문이다. 삼국 시대에는 주로 콩이나 보리 농사를 지었지만, 백제는 따뜻한 날씨와 풍부한 물 덕분에 일찍부터 벼농사가 발달했다. 특히 백제에서는 저수지를 만들어 물을 저장해 두었다가 벼에 물이 필요한 시기에 수로를 통해 물을 공급했다. 또 철제 농기구의 발달과 소갈이 농사법의 도입, 천문 관측에 따른 농사 절기의 관리 등으로 백제에서는 6세기에 이미 벼농사가 일반화되었다.

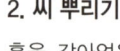 **농사짓는 순서**

1. 논갈이
봄에 씨를 뿌리기 전에 삽으로 흙을 갈아엎는다.

2. 씨 뿌리기
흙을 갈아엎은 덕분에 씨앗이 깊이 뿌리 내릴 수 있다.

3. 물 대기
봄에 비가 오지 않으면 저수지에서 물을 대 준다.

여러 가지 농기구들

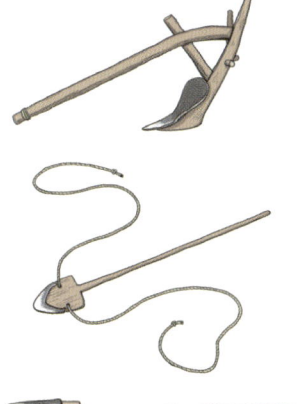

쟁기
소가 끄는 농기구로 논밭을 갈 때 쓴다. 쟁기 덕분에 땅을 깊이 갈 수 있게 되어, 수분을 충분히 머금은 땅에서 곡식이 잘 자랄 수 있게 되었다.

가래

흙을 뜨고 파는 데 쓴다. 나무로 된 가래 바닥에 쇠로 된 날을 끼워 사용했다.

살포
논의 물꼬를 트거나 막을 때 쓴다.

낫
곡식을 베는 데 쓴다. 반달돌칼이나 쇠칼로 이삭을 하나씩 잘라 추수할 때는 시간도 많이 걸리고 일도 힘들었지만, 낫을 사용하면서 여러 포기를 한꺼번에 베어 짧은 시간에 많은 양을 수확할 수 있었다. 또 줄기째 베기 때문에 짚도 얻을 수 있었다.

---

4. 잡초 뽑기
벼가 흙 속의 양분을 잘 섭취할 수 있도록 잡초를 뽑아 준다.

5. 추수
벼가 영글면, 낫으로 줄기째 베어 거두어들인다.

6. 탈곡 및 도정
멍석에 볏단을 널고 낟알을 털어 낸다. 방아나 절구로 낟알을 찧어 껍질을 벗긴다.

백제 농업의 꽃, 관개 수로 시설

우리나라에는 비가 많이 내리지만, 여름에만 집중되어 정작 벼에 물이 많이 필요한 봄에는 물이 부족하다. 이 문제를 해결하기 위해 백제에서는 일찍부터 저수지를 만들어 골짜기나 하천 부근의 물을 가두었다가, 가뭄 때 수문을 열고 논에 물을 댔다. 덕분에 한강 유역과 근초고왕 때 얻은 호남평야 일대는 기름진 곡창 지대로 변했다. 저수지를 이용한 관개 수로 시설은 농사의 핵심으로, 비가 오기만을 기다리던 시절에는 너무나 놀라운 방법이었다. 특히 봄에 가뭄이 들면 씨앗이 말라 죽거나 제대로 자라지 못해 흉년이 들곤 했지만, 저수지를 이용하면서 가뭄 때문에 곡식이 말라 죽는 일이 줄어들어 수확량이 엄청나게 늘었다.

벽골제의 제방 벽골제는 백제 한성 시대에 김제에 만들어진 저수지다. 제방을 쌓아 물을 가둔 흔적이 남아 있다. 330년에 만들어진 이후 신라, 고려, 조선 시대 때 늘려 지어 제방의 길이만 3킬로미터에 이른다.

벽골제의 수문 벽골제에는 모두 5개의 수문이 있었다. 사진은 그 중 하나인 장생거로, 수문의 너비가 4.2미터, 돌기둥의 높이가 5.5미터에 이른다.

물 대는 법(관개 수로법)

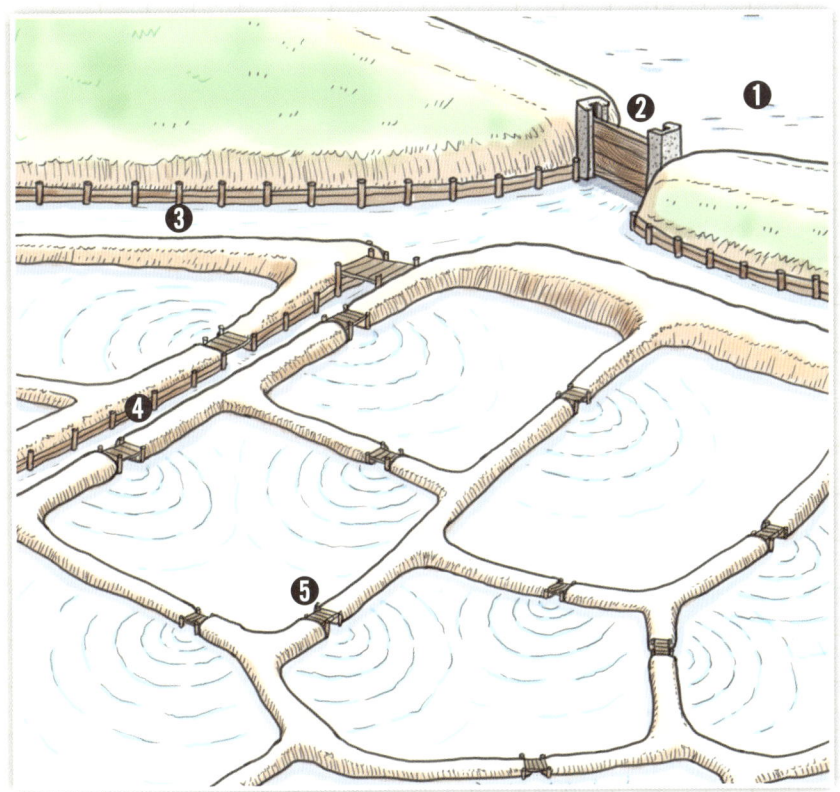

❶ **저수지** 계곡물이나 강물을 가두어 저장한다.

❷ **수문** 저수지에서 내보내는 물의 양을 조절하도록 위아래로 열고 닫았다.

❸, ❹ **큰 수로, 작은 수로** 저수지에서 나온 물이 큰 수로로 흘러오면, 작은 수로의 문을 열어 물이 흘러 들어오게 한다

❺ **물꼬** 논두렁에 물꼬를 터서, 작은 수로의 물이 논으로 흘러들게 한다.

사진 자료 제공
136p **벽골제의 제방** 문화재청
136p **벽골제 수문** 한국관광공사

마법의 두루마리 6
백제의 마을에서 도둑으로 몰리다

ⓒ 강무홍, 김종범, 2024

1판 1쇄 펴낸날 2024년 4월 1일
1판 2쇄 펴낸날 2025년 6월 30일
글 강무홍 **그림** 김종범 **감수** 권오영
편집 우순교 **디자인** 박정아
펴낸이 강무홍 **펴낸곳** 햇살과나무꾼
등록 2009년 07월 08일(제313-2004-54)
주소 서울시 영등포구 당산로54길 11 상가 305호
전화 02-324-9704
전자우편 namukun@namukun.com
ISBN 979-11-976957-8-0(73810)

* 신저작권법에 따라 한국 내에서 보호를 받는 저작물이므로 무단 전재와 무단 복제를 금합니다.